科技型中小企业集群创新的机理与效应研究

Research on the Mechanism and Effect of Cluster Innovation of Technological Small and Mid-sized Enterprises

冯朝军 著

中国科学技术大学出版社

内容简介

本书较为系统地研究了科技型中小企业集群创新的产生机理、动力机制、一般过程和运行机制等问题，包括绪论、国内外研究综述、科技型中小企业集群创新的产生机理、科技型中小企业集群创新的运行机制、科技型中小企业集群创新效应的实证研究、促进我国科技型中小企业集群创新的对策研究、结论与展望等内容。在当前"大众创业、万众创新"的时代背景下，本书对于提高广大科技人员创业的成功率、提升企业的创新效率和创新水平、增强企业创新活力的市场竞争力等都具有一定的指导意义。

本书适合科技型中小企业的创业人员、高校教师以及相关专业的研究生等阅读和参考。

图书在版编目(CIP)数据

科技型中小企业集群创新的机理与效应研究/冯朝军著. —合肥：中国科学技术大学出版社，2020.1
ISBN 978-7-312-04774-9

Ⅰ. 科… Ⅱ. 冯… Ⅲ. 高技术企业—中小企业—企业创新—研究 Ⅳ. F276.44

中国版本图书馆 CIP 数据核字(2019)第 177598 号

科技型中小企业集群创新的机理与效应研究
KEIJI XING ZHONG-XIAO QIYE JIQUN CHUANGXIN DE JILI YU XIAOYING YANJIU

出版	中国科学技术大学出版社 安徽省合肥市金寨路 96 号，230026 http://press.ustc.edu.cn https://zgkxjsdxcbs.tmall.com
印刷	合肥华苑印刷包装有限公司
发行	中国科学技术大学出版社
经销	全国新华书店
开本	710 mm×1000 mm　1/16
印张	11.5
字数	200 千
版次	2020 年 1 月第 1 版
印次	2020 年 1 月第 1 次印刷
定价	50.00 元

前　　言

科技型中小企业作为企业群体中的重要组成部分,具有建设所需资金少、建成周期短、决策机制灵活、管理成本低廉、能够适应市场多样性需求等特点,特别是在创新机制和创新效率方面,具有其他企业无法比拟的优势,因此成为我国科技成果转化、技术创新的重要载体和国民经济增长的重要源泉。从科技型中小企业的发展过程可以看出,世界各国都存在着相似或相关产业的一些企业或机构聚集在一些特定的地理区域,存在着一种互惠共生和资源共享的特殊关系,即产业集群现象,这些高技术产业集群具有很强的创新能力,有力地促进了区域经济的发展,并对当地特色产业和新兴高技术产业的培育和发展发挥着关键作用。由于科技型中小企业自身创新资源的不足,导致在技术创新能力方面与大企业相比劣势明显,而集群创新为中小企业的发展提供了一条非常有效的途径,通过集群创新,能够加快信息在企业与各种机构中的传递,能够促进企业之间的竞争与合作,能够使企业和相关产业顺利实现专业化,保持中小企业创新的灵活性,同时还在很大程度上弥补了单个企业创新资源不足的缺点,为众多科技型中小企业进行技术创新开辟了合作共生的有效途径。

本书在总结我国广大科技型中小企业特点的基础上,对该类企业的竞争优势、创新机理、创新过程、影响因素和创新效应等方面展开研究。全书分为两个部分:第一部分主要研究科技型中小企业集群创新的创新机理；第二部分主要集中于科技型中小企业集群创新效应方面的研究。

第一部分以科技型中小企业集群创新的产生机理作为研究的出发点，首先分析国内外集群科技园区产业集群的发展状况，研究我国科技型中小企业集群创新的内涵特征与竞争优势，分析集群创新的一般过程，并在此基础上研究我国科技型中小企业集群创新的动力机制及其主要影响因素。其次从博弈论和创新网络理论的角度，分析我国科技型中小企业集群创新的运行机制和协同竞争原理。最后从创新价值链的角度，分析科技型中小企业集群创新的链式模式与开放式创新的特点，对全球价值链下地区产业结构升级的路径与过程进行了简要概括。

第二部分以北京中关村科技园区的科技型中小企业为研究和调查对象，对集群创新效应及其主要影响因素进行实证研究。首先在理论分析的基础上确定科技型中小企业集群创新所产生的创新效应，识别出对集群创新效应有影响的主要因素，在此基础上建立理论模型，并通过理论分析提出相关的基本假设。其次在理论与实践相结合的基础上，通过问卷调查和建立结构方程模型，对本书提出的相关假设进行验证，进一步明确各相关影响因素的影响力大小，从更深层次上揭示高技术产业集群的创新机理，为中小企业选择能够提高技术创新能力的合适途径提供决策依据。最后从优化企业创新环境的角度，研究政府如何通过制定和完善相关政策，帮助企业充分发挥自身的创新潜能和合理利用外部条件，迅速走出"死亡谷"，顺利走上产业化发展的道路。

冯朝军

2019 年 3 月

目　　录

前言 ··· (i)

第1章　绪论 ··· (1)
1.1　研究背景 ··· (1)
1.2　研究目的和研究意义 ··· (3)
1.3　研究思路和主要研究内容 ···································· (4)
1.4　研究方法和技术路线 ··· (6)

第2章　国内外研究综述 ·· (7)
2.1　产业集群理论的研究现状 ···································· (7)
2.2　技术创新理论的研究现状 ···································· (11)
2.3　集群创新的理论研究 ··· (19)

第3章　科技型中小企业集群创新的产生机理 ······················ (26)
3.1　科技型中小企业的内涵与特征 ······························· (27)
3.2　产业集群的发展状况 ··· (47)
3.3　集群创新的内涵与形成机理 ·································· (56)

第4章　科技型中小企业集群创新的运行机制 ······················ (69)
4.1　集群创新网络的学习与交流机制 ····························· (70)
4.2　集群创新合作伙伴的选择机制 ······························· (73)
4.3　集群创新运行过程中协同竞争的演化博弈分析 ·············· (84)
4.4　科技型中小企业集群创新的价值链分析 ····················· (102)

第 5 章 科技型中小企业集群创新效应的实证研究 ………… (112)
- 5.1 理论模型 ……………………………………………… (114)
- 5.2 调查问卷的设计与数据的采集 ……………………… (121)
- 5.3 数据的分析与检验 …………………………………… (126)
- 5.4 统计分析方法的选择 ………………………………… (137)
- 5.5 假设检验 ……………………………………………… (140)

第 6 章 促进我国科技型中小企业集群创新的对策研究 …… (155)
- 6.1 我国高新科技园区的发展状况 ……………………… (155)
- 6.2 促进高新科技园区集群创新的对策研究 …………… (157)

第 7 章 结论与展望 ……………………………………………… (165)
- 7.1 研究结论 ……………………………………………… (165)
- 7.2 研究的不足与未来的研究方向 ……………………… (167)

附录 中小企业创新发展调查问卷 …………………………… (169)

参考文献 ………………………………………………………… (173)

后记 ……………………………………………………………… (177)

第1章 绪 论

1.1 研 究 背 景

　　科技型中小企业作为企业群体中的重要组成部分,是我国技术创新和科技成果转化及产业化的重要载体,是促进经济增长、带动就业、培育新兴产业的重要源泉,也是经济发展中最具创新活力的企业群体。改革开放以来,一大批科技型中小企业在"自筹资金、自愿结合、自主经营、自负盈亏"的基础上迅速地建立起来并不断地发展壮大,这些企业具有建设所需资金少、建成周期短、决策机制灵活、管理成本低廉、能够适应市场多样性需求等特点,特别是在创新机制和创新效率方面,具有其他企业无法比拟的优势,因此成为我国科技成果转化、实现技术创新的重要载体和国民经济增长的重要源泉。据有关资料显示,我国目前的科技型中小企业大约有16万家,从业人员1000余万人。虽然科技型企业的数量仅占全国中小企业总数的3.13%,却完成全国约65%的专利发明、75%以上的技术创新和80%以上的新产品开发。因此,无论是在数量上还是在质量上,科技型中小企业都已经成为国民经济的重要组成部分,是国家经济发展新的重要增长点。

　　世界各国,无论是发达国家还是发展中国家,都将促进科技型中小企业的成长和发展作为其科技政策和高新技术产业政策的重要内容,各国政府都在积极创造各种有利条件,加快本国科技型中小企业的成长和发展。为了扶持和引导科技型中小企业的技术创新活动,促进科技成果的转化,加快高新技术产业化进程,我国科技部和财政部于1999年6月正式启动了科技型中小企业技术创新基金。2015年,由于国家调整了科技创新政策,科技型中小企业创新基金退出历史舞台。在16年时间里,创新基金一共扶持了50086个企业科技创新项目,为我国科技型中小企业的快速发展、国家创新体系的建设做出了重要贡献,使得绝大多数被扶持的中小企业能够迅速走出"死亡谷",顺利地实现科技成果产业化,企业的创新能力和产业竞争力有了明显提高。从整体上看,虽然我国的科技型中小企业发展势头迅猛,但是成长状况却令人担忧。统计数据显示,我国的中小企业平均寿命约为3年,5年以上的企业存活率不到7%,10年以上的企业存活率不到2%,而美、日等国家的中小企业平均寿命为8~12年。因此,对于我国为数众多的科技型中小企业来说,生存就是最大的发展,企业要想在激烈的市场竞争环境中求得生存,就必须进行技术创新,只有技术创新,才能使企业获得竞争优势,技术创新已成为科技型中小企业生存和发展的关键因素。

  从科技型中小企业的发展过程可以看出,世界各国都存在着相似或相关产业的一些企业或机构聚集在一些特定的地理区域,存在着一种互惠共生和资源共享的特殊关系,即产业集群现象。比如美国的硅谷、日本的筑波、印度的班加罗尔,这些高技术产业集群具有很强的创新能力,有力地促进了区域经济的发展,并对当地特色产业和新兴高技术产业的培育和发展发挥着关键作用。在产业集群的条件下,集群内部的科技型中小企业面对着如何高效地利用群内的各种公共资源,如何有效地与产业链上、下游企业以及与供应商和顾客建立合作关系,尽可能地降低成本和提高创新效率等问题,这就需要企业选择合适的创新模式来提高自己的创新效率与核心竞争力。

  自1912年熊彼特提出创新理论以来,关于企业技术创新模式方面的研究一直是学术界和企业界关注的热点。针对各类企业的不同特点和企业成长过程中所处的不同外部环境,理论界总结出了自主创新、模仿创新、合作创新、集成创新、引进创新和开放创新等多种创新模式,并对各种创新模式的优缺点以及适用条件等都进行了较为系统的研究,也取得了丰硕的研究成果。近年来,针对世界各国出现的产业集群现象,众多学者研究发现,由于科技型中小企业自身创新资源的不足,导致其在技术创新能力方面与大企业相比明显处于劣势,而集群创新为中小企业提供了一条非常有效的途径。因为通过集群创新,能够加快信息在企业与各种机构中传递,能够促进企业之间的竞争与合作,能够使企业和相关产业顺利实现专业化,能够保持中小企业创新的灵活性,同时还在很大程度上弥补了单个企业创新资源不足的缺点,为众多科技型中小企业进行技术创新开辟了合作共生的有效途径。针对产业集群内广大科技型中小企业的创新行为和成长过程所表现出的新特点,学术界提出了"集群创新"的概念。刘友金提出,所谓集群式创新,可以简单地理解为运用集群优势进行技术创新,中小企业集群式创新是指以专业化分工和协作为基础的同一产业或相关产业的中小企业,通过地理位置上的集中或靠近产生创新聚集效应,从而获得创新优势的一种创新组织形式。此后,广大学者对中小企业集群创新的特点、竞争优势、组织模式和创新效应等方面展开了研究。但是,广大学者对集群创新的研究相对笼统,缺乏有针对性的具体分析,集群创新的形成机理和运行机制还有待于深入的系统研究。

笔者在前人的研究基础上,主要以北京中关村高新科技园区的科技型中小企业为调查和研究对象,通过对产业集群的本质和科技型中小企业技术创新特点的分析,研究集群内的科技型中小企业集群创新的形成条件和产生机理,并在创新网络的基础上,研究中小企业集群创新的动力机制和运行机制,通过构建博弈模型,从理论上分析集群内科技型中小企业集群创新的演化机理。然后从实证的角度,分析通过中小企业集群创新能够产生哪些直接的创新效应,识别出影响企业集群创新效应的主要因素,从更深层次上揭示高新技术产业集群的创新机理,为中小企业选择能够提高新技术创新能力的合适途径提供决策依据。最后,从优化企业创新环境的角度,研究政府如何通过制定和完善相关政策,帮助企业充分发挥自身的创新潜能和充分利用外部条件,迅速走出"死亡谷",顺利走上产业化发展的道路。

1.2 研究目的和研究意义

科技型中小企业集群创新研究是一项新的课题,笔者以科技型中小企业为研究对象,对科技型中小企业集群创新的机理进行研究,从理论的角度探索集群创新的产生机理与运行机制,研究在集群内部企业创新的演化机理,寻求集群创新的内在规律;并通过对集群创新效应的实证研究,找出企业集群创新效应的主要影响因素和可实现途径,为我国政府制定和完善科技型中小企业发展政策提供参考,为我国区域经济实现全面、协调和可持续发展提供理论依据。

笔者有关科技型中小企业集群创新机理与效应的研究,对于提高我国广大科技型中小企业的产业竞争力、充分挖掘企业内部的创新能力、合理利用外部环境中的有利因素、促进我国区域经济的协调发展、扩大就业、加强国家高技术开发区的建设等方面都具有重要的促进作用。

第一,针对科技型中小企业集群创新机理的研究,建立了一个集群创新的研究分析框架,可以全面而系统地分析科技型中小企业集群创新的产生条件、创新机理、创新过程以及创新网络的构建等,从而为主管部门指导高新区内科技型中小企业创新实践的发展提供理论依据。

第二,针对集群创新机理的研究,有助于以动态和联系的观点来分析科技型中小企业集群创新的动力机制、组织模式、合作对象的选择以及对外部环境因素的整合能力,为企业的管理者进行内部挖潜、发挥自身优势、寻求企业集群创新发展的有效途径提供参考。

第三,通过对集群创新的效应研究,可以获知科技型中小企业集群创新给科技园区、相关产业的发展和区域经济的发展带来的各种影响,为我国政府制定有利于科技型中小企业成长的宏观经济政策和区域经济协调发展的宏观战略提供依据。

1.3　研究思路和主要研究内容

笔者以科技型中小企业集群创新的产生机理为出发点,分析国内外高新科技园区产业集群的发展状况,研究我国科技型中小企业集群创新的内涵特征与竞争优势,解析集群创新的一般过程,在此基础上研究我国科技型中小企业集群创新的动力机制及其主要影响因素,并从博弈论和创新网络理论的角度分析我国科技型中小企业集群创新的运行机制和协同竞争原理,进而通过实证研究——以北京中关村科技园区的科技型中小企业为调查对象,分析集群创新的状况与创新效应,从中查找出实践中存在的突出问题,从而为我国政府制定和调整有利于科技型中小企业成长的宏观经济政策和区域经济协调发展的宏观战略提供依据。

全书共7章,第1章为绪论,第2章为相关的中外文献综述,第3章到第6章是本书的主体部分,第7章为基本结论与展望。

第3章在分析和考察中外具有代表性的地区产业集群状况的基础上,研究科技型中小企业集群创新的产生条件和形成机理,总结集群创新的内涵与特征,分析在产业集群内科技型中小企业集群创新的竞争优势,并对科技型中小企业集群创新的一般过程进行总结。

第4章建立博弈模型,考察科技园区内科技型中小企业集群创新的动力机制与演化机理,分析企业集群创新的动力与途径,研究企业间集群创新的互动机制以及创新合作对象的选择问题,并且深入分析科技园区内集群创新过程中的协同竞争原理,从理论的角度研究科技型中小企业在集群创新中合作策略的选择。

第5章从实证的角度出发,考察北京市中关村科技园区中小企业集群创新的情况,分析企业集群创新所产生的社会经济效应,研究影响集群创新的主要因素,通过结构方程的方法对理论分析中提出的假设进行检验,并对各种影响因素的作用与途径进行评估,从中总结经验,查找不足,为政府制定科技型中小企业的发展政策提供参考。

第6章在实证研究的基础上,研究如何通过对科技型中小企业扶持政策进行优化和调整,进一步拓宽和改善科技型中小企业的融资渠道,加强人才建设和教育培训,健全科技型中小企业成长的法律法规体系,构建区域创新网络服务平台,完善科技型中小企业的社会化服务体系,调整财政税收政策和创业扶持,等等,以增强科技型中小企业的自主创新和集群创新能力,提升企业的核心竞争力,为我国科技型中小企业的健康成长创造良好的发展环境。

1.4 研究方法和技术路线

笔者采用理论研究与实证研究相结合、定性分析与定量分析相结合的方法，深入分析科技型中小企业集群创新的创新机理与创新效应。在理论研究部分，主要采取动态演化博弈的方法对集群内企业集群创新合作伙伴的选择进行分析；在实证研究部分，主要采用相关分析、因子分析、假设检验、回归分析和结构方程等方法对影响企业集群创新效应的主要因素进行考察和研究。通过文献研究、专家访谈、问卷调查、实地调研等方式对产业集群内的科技型中小企业集群创新和创新效应的影响因素进行探索和研究。本书的技术路线如图1.1所示。

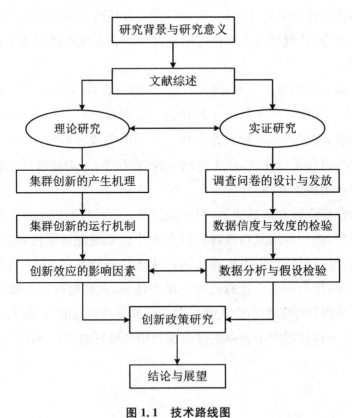

图 1.1 技术路线图

第 2 章　国内外研究综述

2.1　产业集群理论的研究现状

科技型中小企业产业集群是指在相同或相似的高新技术产业领域内,相互关联的企业在特定的区域范围内聚集,利用地理上相互靠近或聚集的客观条件,完成高科技产业的研究、开发、中试、生产、制造和销售等全过程,从而形成相互合作、彼此相依和产业配套的有机组合。相比传统意义上的产业集群,在科技型中小企业产业集群中,相关企业以知识和技术为依托,以创新和发展为基础,企业生产的产品或提供的服务附加值高,区域辐射和产业带动能力较强,而且通过产业集聚,能够有效吸引和带动相关企业的入住和创新发展,对于区域合作和科技发展具有辐射和引领作用。

关于产业集群的研究,国外开始得比较早,从 18 世纪 90 年代就开始了对集群现象的研究,一些经济学家分别从新古典经济学、新贸易理论、专业化分工理论、聚集经济理论等不同的角度,对产业集群的概念、形成机理、竞争优势等方面进行系统的研究。

2.1.1 产业集群的现象与特征研究

国外关于产业集群的理论研究中,第一位较为系统地研究产业集群现象的经济学家是阿尔弗雷德·马歇尔(A. Marshall),他通过研究工业组织,间接表明了企业为追求外部规模经济而集聚,而产生集聚的原因在于获取外部规模经济提供的好处。在此基础上,Alfred Weber 在分析单个产业的区位分布时,首次使用聚集因素,从工业区位理论的角度解释了产业集群现象,并将集群分为两个阶段。Hoover 在 1948 年出版的《经济活动的区位》一书中,也将集聚经济称为生产区位的一个变量,并将企业集群产生的规模经济定义为由某种产业在特定区域的集聚体的规模所产生的经济。

1990 年,美国学者 Michael E. Porter 在总结了前人比较零散的关于集群的思想之后,在《国家竞争优势》一书中首次提出了"产业集群"(Industry Cluster)的概念,认为产业集群是指在某一特定产业领域内,产业中互有联系的公司或机构聚集在特定地理位置的一种现象。集群包括一系列相关联的产业和其他一些与竞争有关的实体、与技术或投入相关的产业公司,以及提供培训、教育、信息研究与技术支持的政府和其他机构。Alex Hoen 从理论角度对群进行了分类,将群分为微观层面(企业群)、中观层面和宏观层面(产业集群),群内企业通常通过创新链和产品链进行连接。Love 和 Roper 首先将"社会资本"的概念引入集群分析,提出产业集群所具有的社会资本与集群技术创新活动表现出明显的正相关性。

与国外的研究相比,国内在这方面的研究始于 20 世纪 80 年代末,而大量研究则在 2000 年以后,主要涉及城市集聚经济与集聚效应、小企业集群、专业化分工、产业集群与区域发展等方面的问题。王辑慈提出,产业集群具有专业化特征,它既有本地社区的历史根源,又取决于本地企业之间既竞争又合作的关系集合。魏江和叶波提出,集群是某一特定领域内相互联系的企业及机构在地理上的集聚体,该集聚体内部存在产业链上企业的纵向联系和竞争企业与互补企业之间的横向联系。纵向关系能产生集群效应,使得技术和信息在学习过程中能够有效传递,从而促进技术创新。在横向上,企业由于竞争机制而产生挤压效应。

从国内外学者对产业集群的研究状况来看,大多数学者都强调集群是一定区域内企业或机构之间紧密合作联系的生产组织形式,但对其合作的基础和形成过程的相互作用分析得不够深入。而且相对于国外的研究,国内的研究内容相对零散,在理论探索和实证研究方面还不够具体和深入。因此,从定量的角度来分析集群内企业之间的关系和发展趋势,应成为今后学术界关注的重点之一。

2.1.2 产业集群的形成机理研究

关于产业集群的形成机理,国内外学者主要是从经济地理的角度,研究在一定区域内的相关企业通过集群合作,从而降低交易成本,并在此基础上分析产业集群的形成机理与演化过程。

美国普林斯顿大学教授 Krugman 通过新贸易理论提出,产业集聚并不是在任何情况下都能够产生的,只有在中等水平的贸易成本下,互为投入-产出联系的厂商之间的前后向联系效应才最强。Capello 将集群看作是一个能促进信息流通的社会关系网络,区域内的行为主体将在网络连接过程中不断地进行集体学习,引发创新网络与创新环境的交流和互动,从而实现企业的空间集聚和产业区的持续发展。Bair 和 Gereffi 认为外向型产业区的结构升级与区域发展,取决于集群内企业在全球价值链上的整合方式、价值链的权利主体和权利的实施方式。Michael E. Porter 认为,一群相关的企业和产业在同一地点的大量出现,提高了共同营销的效率和该地在特定领域上的信誉。同时,发生在产业集群内的竞争压力形成了企业集群的创新动力。

国内学者杨洸和雷加骕从聚集经济角度分析了集群经济,提出集群经济是创新集群形成的内在依据,并把创新集群划分为三种基本类型:基于技术平台的衍生性创新集群、基于技术轨道的顺轨性创新集群以及向技术关联领域发展的渗透性创新集群。刘军国提出,通过集聚可降低企业的交易费用,促进企业间的协作,形成报酬递增和分工不断深化的创新机制,从而使集群具有不断完善和自我发展的机能。王缉慈提出,一定区域内的产业集群不是孤立产生的,而是在全球化背景下通过协作与竞争,不断地产生具有地区特色的竞争优势。

从国内外学者有关产业集群形成机理的研究方法的对比中可以发现,国外学者的研究方法和手段比较多样化，如理论研究、实证研究、案例分析等。国内学者主要集中在对集群效应现象的描述和分析，多数是从宏观的角度对集群现象进行定性研究，而采取定量研究则略显不足，研究结果主要面向特定行业领域的产业集群。

2.1.3 产业集群竞争优势的研究

通过对产业集聚带来竞争优势的问题的研究，Krugman 提出，世界各国的贸易竞争优势并不是来自国与国之间的产业区别，以及由此引起的比较优势，而是来自各个国家内部不同地区的产业分工，以及在此基础上所能达到的规模经济的程度。Oerlemans、Meeus 和 Boekema 指出，在地理接近的公司和其他经济单位之间发生的联系，不仅会产生规模经济和范围经济，还可获得差异化的优势。Meyer-Stamer 通过对产业集群内企业合作模式的研究，分析了企业间合作的主要障碍，并探讨了克服文化差异对合作产生不利影响的方法，最后提出如何通过企业合作来营造创新的环境，从而提高企业产业集群的创新能力和竞争优势。

国内学者魏守华、王缉慈和赵雅沁分别在直接经济因素和间接经济因素方面分析了企业集群的竞争优势。他们认为直接经济因素包括产品差异化优势、生产成本优势、市场竞争优势和区域营销优势等；间接经济因素则主要体现在区域创新能力上。他们认为产业集群理论是继梯度推移、增长极和地域生产综合体理论之后新型的区域经济发展理论。黄鲁成提出，产业集群能够在技术创新方面将大企业、中小企业和相关机构的优势充分整合，能够充分发挥知识溢出效应、集聚效应、专业化效应、网络经济效应和共生经济效应等。胡宇辰分析，随着需求多样化的发展和技术的进步，更多的以集群形式参与市场竞争的企业呈现出巨大的产业竞争力，形成了产业集群效应。郑胜利等认为，大批相关的企业聚集在一起，使得原来基于资源禀赋的比较优势逐渐发展成为企业的创新创业优势。

通过对国内外学者有关产业集群的现象、特征、形成机理、竞争优势等方面的研究成果进行梳理可以看出，大多数学者是从区域经济和经济地理的角度出发，研究如何提高产业集群竞争优势和企业的核心竞争力以及企业创新能力的评价方法等,挖掘集群形成与发展过程中的制约因素,探索集群进行自我完善和自我发展的创新发展机制。这些从不同角度对产业集群的研究,整体上能够阐明高新科技企业产业集群的形成过程和发展特点,理论体系逐渐趋于完整,研究方法和手段也比较齐全,但是针对不同行业的高新科技企业产业集群方面的分类研究和比较稍显不足。在我国宏观经济发展进入新常态的背景下,为了进一步增强高新科技企业的创新能力和创新效率,提高我国高新科技企业的国际竞争力,有关产业集群与技术创新的机理和效应以及创新模式相结合方面的研究,应成为今后一段时期学术界的一个重点研究方向。

在科学技术高速发展和高新科技产业领域国际竞争日趋激烈的新时期,为了进一步推动我国高新科技企业的健康发展,充分发挥高新科技企业对经济发展和社会进步的辐射和引领作用,在未来一段时期,需要在理论上对产业集群的产生机理和创新机制方面进行更加全面深入的分析。同时,在实践中还应该结合科技型中小企业的成长特点与技术创新过程,研究如何通过产业集群提高科技型中小企业的创新能力与核心竞争力,分析不同产业领域的科技型中小企业在集群内如何采取适合自身特点的成长模式,从而有效地促使企业在各个发展阶段都能够健康成长。

2.2 技术创新理论的研究现状

中小企业是我国企业群体中的重要组成部分,在我国经济发展进入新常态的背景下,企业的技术创新活动对于提高企业自身的市场竞争力和推动社会经济稳定健康发展具有重要意义。关于技术创新理论的研究,起源于20世纪30年代,将"技术创新"概念首次引入经济学领域的是美国经济学家熊彼特(Schumpeter),熊彼特在其《经济发展理论》一书中首次提出了创新理论:创新是建立的一种新型生产或供给函数,是企业家对生产要素进行重新组合,将从未有过的生产要素与生产条件进行重新组合并引入现有的生产体系,从而形成一种新的生产能力,获取潜在的超额利润。他还在书中指出企业技术创新过程主要包括五种类型:① 引入一种新产品;② 采用一种新的生产工艺;③ 开辟一个新市场；④ 获得一种原料或半成品的新的供给来源；⑤ 实现一种崭新的企业生产组织方式。在此基础上，熊彼特于 1939 年再次提出，创新是应用在社会经济运行系统中的一种新的生产函数，由于创新要素的引入，使得原有生产成本曲线实现更新。同时，企业家是创新的主体，创新又是企业家固有的基本风格，如果未能抓住有利时机进行企业的技术创新活动，则是企业家的渎职行为。自熊彼特之后，各国学者对技术创新进行了近 80 年的研究，以 Mansfield、Freeman、Stoneman 等为代表的广大西方学者，从多个角度对技术、经济、制度、组织、管理和文化等展开综合性的创新研究，进而形成了企业技术创新经济学这门新的分支学科，丰富和发展了技术创新理论。

2.2.1 企业技术创新的内涵与特征研究

1. 国外学者对企业技术创新的内涵与特征研究

在熊彼特之后，国外学者分别从各种不同的视角来研究企业的技术创新理论的特征和内涵。美国经济学家 Solow 发表了《技术变革与总产量函数》一文，在技术进步对经济增长的贡献率方面进行了理论研究。文中提出，生产技术类同于劳动力与社会资本，是促进社会经济增长的主要因素，技术创新是社会经济增长的内生变量和重要因素。20 世纪 90 年代以后，Orossman 和 Helpman 通过将研究与开发(R&D)模型应用于技术进步在推动社会经济增长中所起作用的研究，提出了技术创新是社会经济增长的重要源泉。而后，经济合作与发展组织(OECD)也指出，技术创新和无形投资的持续增长、产品质量的快速变化、定制要素的显著增加以及个性化产品的生产制造和服务设计等，构成了知识经济的总特征。Gamal Atallah 通过对技术创新过程的研究，全面分析了技术创新过程中信息共享与稳定性合作之间的内在关系。

2. 国内学者关于企业技术创新的理论研究

我国关于技术创新理论的研究起步较晚，大约始于 20 世纪 70 年代末期，第一批经济学者将国外技术创新理论的研究成果引入国内,国内学者在国外理论研究的基础上,结合我国企业的具体情况和企业所处的外部环境,又进一步深化了技术创新理论。在国家自然科学基金的资助下,学界主要就创新领域、企业创新、产业创新、区域创新、管理创新与组织创新等展开了较为深入的研究,并在此基础上初步形成了我国的创新理论体系,从而直接推动了国家创新工程的实施。

国内学者柳卸林提出,创新是与企业新产品的研发制造和新工艺、新设备的首次商业应用直接相关的技术、设计、制造及商业等活动,包括产品创新、工艺创新和技术扩散,以及从一种新思想的产生到产品研发、设计、制造、生产和市场化的一系列活动,也是知识的重新创造、转化和应用的过程,其本质是新技术的产生和应用。傅家骥认为,技术创新是企业家通过企业对外部环境的判断,抓住市场潜在盈利机会,以获取自身的商业利益为目标,重新统筹生产条件和生产要素,建立起企业内部效能更强、效率更高和费用更低的生产经营管理系统,从而推出新产品、新工艺,开辟新市场,获得新的原材料或半成品供给源,或者建立企业的新组织等,包括了科技、管理、商业和金融等一系列活动的综合过程,该定义融入了市场开发与企业组织管理等要素。许庆瑞认为,技术创新是指企业从一个新的构思开始,经过一系列的运营和生产实践,到构想获得成功的商业应用为止的全部活动。它包括科学发现、发明到研究成果被引入市场、商业化和应用扩散的一系列科学、技术和经营活动的全过程。

在理论模型研究方面,缪柏其、魏晓芳和王淮学在理论分析的基础上,通过建立技术创新的 PAP 扩散模型,分析了技术创新在经济生活中的现实意义以及政府在推动企业技术创新过程中所起的关键作用。池仁勇通过实证分析后得出结论,不同规模的企业技术创新存在着明显的特征差异和优、劣势,在比较分析不同规模企业的技术创新过程之后,提出了技术创新的"适度规模"等概念。韩伯棠和艾凤义建立 A-J 模型,分析了不对称条件下双寡头企业之间的横向 R&D 合作关系,并研究了研发成果不对称对联合利润的显著影响。王立平从我国高等院校 R&D 知识溢出的程度和范围的角度进行了实证研究,结果表明企业与科研机构之间在合作创新过程中存在着利益冲突,但这种冲突是非对抗性的,如果政府部门能够发挥其积极作用,可促使企业与科研机构之间采取适度的合作方式,使得竞争双方的利益冲突得到一定程度的缓和。

归纳这些观点可以看出,国内外学者在给技术创新下定义的时候,都在强调技术创新是指从一项新的技术(包括新思想的产生、新产品的研发、新工艺流程的设计等)到产品的生产与销售一体化的全过程,其本质特征在于一种新技术或者新工艺的第一次商业化应用。同时,技术创新也是企业家抓住市场潜在的盈利机会,重新组合生产要素和组织框架,建立起效率更高、效能更强和生产费用更低的生产经营系统的动态过程。技术创新以商业化的产品和工艺为目的,并以商业价值的实现为其成功的标志。在企业创新模式的选择上,多数学者认为合作创新使合作双方都能够从中获益,政府在其中也发挥着重要的作用。

2.2.2 技术创新扩散研究

对技术创新扩散的研究,同样可以追溯到熊彼特于1912年创立的创新理论,熊彼特将技术创新中大面积或大规模的"模仿"视为技术创新扩散,并指出只有借助于大规模的技术创新扩散,整个社会才能从中获得收益。但是对技术创新扩散理论的集中研究,则是20世纪50年代以后在技术创新理论和过程的系统研究基础上逐渐发展起来的。

1. 国外学者对技术创新扩散的研究

熊彼特指出,技术创新扩散实质上是企业在产品研发和生产过程中的一种模仿行为。由于少数企业率先实施了技术创新,大幅地提高了生产运营效率,降低了自身的生产成本,吸引了其他企业效仿,加速了不同企业之间的技术创新扩散。Mansfield提出,推动整个社会科技进步的主要动力在于技术创新和技术扩散,而影响新技术和新工艺在同一个部门内扩散的基本因素主要有三个,即新技术的模仿比例、新技术的相对盈利率和新技术所要求的投资额。并且他创造性地在创新扩散的研究中应用了传染原理和Logistic生长曲线,提出了著名的"S"型技术创新扩散模型,计算出行业创新指数,开创了针对技术扩散领域的宏观和定量分析的方法。在此基础上,Stoneman认为,一项新技术的发明只有得到较大范围内的推广和应用,才能对经济产生一定的影响,技术创新扩散过程应是一种持续的"学习"活动,是在模仿的基础上不断地自主创新行为。Martin 和 Michael 通过研究表明，在发展中国家，产业集群内部的创新结构决定了集群的创新能力，而发达国家的产业集群创新能力主要通过企业的创新和扩散加以实现。

2. 国内学者对技术创新扩散的研究

国内学者关于技术创新扩散的研究始于 20 世纪 90 年代。许庆瑞提出，技术创新扩散现象是指创新技术通过一定渠道在社会系统的各相关成员或组织之间随时间传播并不断得到推广和应用的过程。该过程包括四个方面：创新技术、信息互动渠道、时间以及社会系统。廖志高和徐玖平从实证的角度，通过建立元胞自动机模型分析了技术创新横向扩散的过程。邝国良和张永昌提出，在不同产业集群模式下，政府部门的干预程度、外部市场的完善程度、集群内的竞争状况、技术进步资源和技术需求强度等都存在着明显不同，由此导致了各自的技术扩散机制也有所区别，无论是市场主导型的产业集群，还是政府主导型的产业集群，为了在市场竞争中取得优势地位，企业都会自主地采取积极的技术扩散行为和有效策略，以提高自身的产业竞争力。

从国内外学者对技术创新扩散的既有研究成果来看，多数学者关注的是技术创新扩散对社会经济增长的作用，都将技术创新扩散作为促进社会进步和经济增长的方式，注重的还是理论层面的定性分析和研究，实证研究不够。在现实中，技术创新扩散还应该是一种创新效应，为了更加有效地促进经济的增长和社会的进步，就需要扩大企业的创新扩散效应，也就需要对创新效应进行有效的度量和影响因素分析。这些深层次问题需要学术界今后进行深入的研究和探讨。

2.2.3 技术创新的模式研究

自 20 世纪初熊彼特提出"创新"概念之后，各国学者纷纷从不同角度来研究技术创新的内容，形成了各种流派。研究的视角也不只是停留在理论上，还经常与企业运营和社会生产实践相结合，取得了一系列成果，将技术创新研究逐步推向深入。一些学者在研究企业创新的过程中，发现不同类型的企业有着各自不同的特点，在进行技术创新的实践过程中，其活动方式也各具特点。经过长期的研究和探索，大家对企业的创新模式有了比较全面的归纳和解释。

1. 国外学者对技术创新模式的研究

(1) 企业内部视角

从早期文献中可以看出，西方国家的多数学者认为企业的技术创新是推动社会经济增长的核心和源泉。创新是企业内生性的增长过程，是源于企业家追求利润最大化过程中 R&D 的直接成果，是企业将一定的专项资金投资于内部的技术创新部门，依靠自身的创新资源和技术条件来实现技术改造和技术革新的全过程。Arrow 最早将技术进步纳入企业内部技术创新来进行研究，通过建立经济增长模型将技术内生化，并提出了"干中学"效应，认为知识溢出是导致整个社会经济生产率高的根本原因，而技术进步则是在资本积累过程中出现的副产品。Rainer 和 Franco 在分析经济增长时也提出了"内生性技术创新"的概念，他们认为内生性创新是系统内自发的行为，与引发模仿创新等模式的主要区别在于内生性创新是创新主体内部的原始创新。

(2) 企业外部视角

20 世纪 80 年代之前，西方学者关于内生性创新的研究重点主要集中在企业的自主技术创新。到了 80 年代末期，随着研究领域的不断扩大，学术界开始关注企业外部知识的作用，以及通过企业间技术创新的分工合作来共同提高企业的创新能力和创新效率的问题，于是研究的视角开始转向了企业外部。

Amsden 通过对韩国工业化过程的研究，总结出学习行为是一个国家新的工业化发展模式，在发展中国家和新兴工业化国家的技术学习的来源中，技术引进在企业技术来源中占有很大比重。在此基础上，Hobday 通过研究日本、韩国、新加坡等国的工业化发展过程，从创新过程的角度出发，建立了一个后发者技术引进学习过程模型，系统阐述了后发地区从新技术的引进、消化、吸收直至形成竞争性技术的创新发展的演变过程。新兴工业化国家的迅速崛起，在 20 世纪 90 年代非常引人注目，对其创新模式的研究成为学术界普遍关注的热点问题。Kim Linsu 通过对韩国等新型工业化国家的技术发展路线和创新模式的对比研究，认为韩国企业的技术创新模式是引进、吸收和提高，其技术发展路线是由成熟技术逐渐转向前沿技术的发展进化过程。

（3）战略联盟视角

随着学术界对企业技术创新研究视角的进一步拓展，一些学者发现企业与企业之间通过建立创新战略联盟，会更加有利于企业生产效率和创新效率的提高，不同的企业可以充分发挥各自的创新优势，通过联盟内部的分工合作，利用资源共享和优势互补，适度降低创新成本，共享创新成果。Lee通过对日本制造业的研究发现，产业链上、下游企业的共同研发投资对企业创新活动具有显著的影响，通过不同企业在创新过程中的分工合作，能够明显提高企业间横向合作研发的积极性。Rene Belderbos通过研究企业同竞争对手、供应商、客户、大学和科研机构之间的合作研发对企业创新绩效的影响，提出通过合作创新能够提高企业的生产效率，有利于扩大新产品的市场份额。

2. 国内学者对技术创新模式的研究

（1）自主创新

国内学者对于技术创新模式方面的研究起步也比较晚，但后期的理论研究进展较快，取得了丰富的研究成果。与国外的内生性创新模式相对应，国内学者关于企业自主创新模式的研究始于20世纪90年代，陈劲对从技术引进到自主创新的学习模式进行了系统分析，提出企业在自主创新过程中的主导学习模式，主要存在于技术研究开发过程中的学习行为，企业只有通过新技术和新产品的研究与开发才能掌握技术的本质。杨德林认为，自主创新是指企业依靠自身的创新资源和创新能力进行独立研究、开发和技术创新的活动，并总结出企业的自主创新具有在核心技术上的突破、关键技术的领先开发以及新市场的率先开拓等特点。曹文才通过中小企业发展能力评价模型的构建，分析了企业保持技术持续创新的主要影响因素，认为中小企业保持长期稳定发展的关键因素在于持续创新。

（2）合作创新

关于合作创新方面的研究，傅家骥教授提出，合作创新是指各个企业之间或企业、大学、政府和科研机构之间为了一个共同的创新目标而协调各方行动，实现创新资源和信息共享。合作创新以合作研究开发为主要形式，主要集中在高新技术产业领域。岳峰提出合作创新模式主要体现在三个方面：一是企业内部的合作创新模式；二是产业集群内企业之间的合作创新模式；三是企业与高等院校、科研院所等组织之间的合作创新模式。林毅夫在比较了我国和发达国家企业的特点与优势分析之后提出，针对我国广大中小企业的特点和发展阶段，应该以引进技术创新模式为主、自主研发模式为辅的方式进行技术创新，依靠比较优势来发展社会经济，有望在短时期内赶上发达国家的发展水平。

从国内外学者对创新模式的论述中可以看出，对于技术创新模式的研究成果颇丰，根据技术的来源不同，可分为自主创新、引进模仿创新和合作创新。由于各国的社会经济状况不同，企业发展的社会背景与技术条件不同，所采取的技术创新模式也不能千篇一律，所以研究针对企业的不同特点与发展阶段，寻求切实有效的创新模式，是学术界和企业家应该关注的问题。

国外学者对中小企业技术创新的理论研究相对比较全面，而国内的研究起步较晚。在理论研究方面，关于国内中小企业的创新过程、创新特点、创新模式和创新技术扩散等的研究，多数局限于理论的视角，与国内企业结合得不够充分。在实证研究方面，多数研究构造的数学模型太过于理想化，研究目标不够具体，考虑的影响因素不够全面，得出的结论对于广大中小企业开展技术创新活动的实际指导性不强。因此，在今后的研究中还需强化以下几个方面：

第一，对于国内中小企业的技术创新模式和创新过程的研究，应结合电子信息、生物医药、新能源、新材料、现代装备制造、光机电一体化和高新技术服务等各类中小企业的特点，对每类企业各阶段的成长特点进行细致分析，挖掘其创新过程中的内、外部主要影响因素，为政府部门制定各类企业的精准扶持政策提供参考。

第二，关于中小企业创新扩散方面，需进一步研究企业之间技术扩散的内在动力、扩散速度、传播方式以及影响程度，分析企业进行技术扩散所需的外部条件和政策导向。需要从实证的角度对企业的创新效应进行定量分析，对影响企业技术扩散的因素进行识别，为企业制定产学研合作的战略规划提供发展思路。

第三，对于广大中小企业自主创新、模仿创新、集成创新、合作创新和集群创新等各种创新模式的研究需要继续深入，针对各类企业的竞争优势和发展阶段，从理论上丰富其内涵，在实证研究中对企业技术创新活动对企业成长和社会经济发展的影响水平进行测度，为企业选择适合自身发展的创新模式提供决策依据。

2.3 集群创新的理论研究

科技型中小企业在我国国民经济和社会发展中占有重要地位,在"大众创业、万众创新"的时代背景下,在推动经济增长、增加就业机会和优化产业经济结构等方面具有突出的作用。但由于我国广大的科技型中小企业普遍存在规模小、风险高和创新资源不足的特点,使得单个企业在进行技术创新的过程中受到多种限制,在一定程度上制约了企业的正常发展。如果通过地理位置上的集中或靠近,相关企业和科研院所能够集群创新,那么就可实现企业群体间的资源共享和风险共担,从而有效地降低单个企业的创新成本和创新风险,全方位激发中小企业的个体创新活力。因此,集群创新是增强企业创新能力和发展活力的有效途径。

最早研究产业集群现象的经济学家马歇尔(Marshall)从外部规模经济的角度研究了集中于特定区域的专门工业,他首先关注了集群与创新之间的内在联系。1964年,他在《经济学原理》一书中提出:"如果一些人从事技术性很强的行业,那么他们从邻近区域内获得的利益将十分明显,随之而来的是行业秘密便成为公开秘密,就连孩子们也将悄无声息地学到很多秘密。如果其中个人有了新的想法,那么便很容易被其他人接受,在结合他人意见之后,就成为思想更新的重要源泉。"从中可以看出,同一个区域的企业通过集群,能够使新思想、新技术和相关技术信息在群落内各个企业和个人之间自由地传播和扩散。同时为了降低各自的生产成本和资源共享,各个企业与科研机构之间将建立起密切的合作关系,在互惠互信的基础上建立起研发联盟和产学研联盟,有效地促进技术创新,这便是集群创新研究的最初萌芽。在世界各国中小企业的发展过程中,有关科技型中小企业的集群创新方面的研究逐渐成为学术界的热点研究领域。

2.3.1 集群与创新的关系研究

1. 国外学者关于集群与创新关系的研究

国外有关产业集群和技术创新方面的关系研究起步于 20 世纪 90 年代,国外学者通过理论和实证研究,从多个角度揭示了集群与创新之间的内在关系。Krugman 认为,由于集群内部存在知识溢出效应,集群内的企业可以比较便利地获取各种技术创新所需的知识和信息,在很大程度上提高企业进行技术创新活动的速度,有效增强整个集群的技术创新能力,集群对创新活动具有明显的促进作用。此后,Porter 通过构建"钻石"模型提出,由于地理上的集中,致使需求条件、要素条件、相关产业、企业战略的结构与竞争等四种最初相互分离的因素产生相互作用,促进了企业技术创新和产业升级。Capello 在对区域内产业集群进行实证研究的基础上指出,通过集群,企业间的学习效应更加有助于产生突破性的创新,通过产业集群能够有效地提升企业的创新绩效。21 世纪以来,面对经济发展所呈现的新特点,Klaus 构造出企业创新集聚模型,并指出产业集群所拥有的社会资本与集群的技术创新活动之间具有明显的正相关关系,企业间的适度距离更加有利于技术创新的产出。

2. 国内学者关于集群与创新关系的研究

国内学者关于集群与创新关系的研究,多数是伴随着高新技术产业开发区的设立而开始的。魏江和叶波在研究中发现,在集群的物理结构上,存在着横向和纵向两种联系,横向方面联系是由于竞争机制所产生的企业间相互挤压效应造成的,而纵向联系则可以产生集群效应,使技术和信息在企业个体学习过程中得以有效传递,进一步促进技术创新。在此基础上,孙伟和黄鲁成进一步提出,产业集群能够使各类企业和相关机构的优势充分结合,产生知识溢出效应、集聚效应、互补效应、追赶效应和拉拔效应、网络和范围经济效应、共生经济效应等。陈柳钦提出,技术创新是形成新的产业集群的重要推动力量,为产集群的发展提供源源不断的动力,是产业集群提高竞争力的保证;反过来,产业集群为技术创新的各阶段提供支持,又在很大程度上提高了技术创新扩散的速度。

通过以上对国内外相关学者研究成果的大致梳理,可以归纳出关于产业集群与技术创新之间的关系:第一,通过地理位置上的靠近,集群内部存在着知识溢出和技术扩散效应,能够有效地增强企业自身的技术创新能力与创新绩效。第二,企业进行技术创新活动能够促使企业集群更具活力,使得企业间的联系更加密切。第三,借助于集群这种特殊结构,企业之间能够建立起比较稳定的竞争与合作关系,从而进一步增强企业之间的技术扩散速度和企业的市场竞争力。

2.3.2 集群创新的研究

现阶段,有关产业集群与技术创新关系方面的研究成果丰硕,但对于集群创新模式方面的相关研究仍处于起步阶段,国外几乎没有关于集群创新模式的研究,最早提出集群创新的学者是我国的刘友金教授。

1. 集群创新的概念研究

刘友金最先定义了"集群创新"(Clustering Innovation)概念,并提出,集群创新是以专业化分工与协作为基础的同一产业或相关联产业,通过地理上的集中或靠近,产生聚集效应,进而获取集群创新优势的一种新型组织形式。集群创新是广大中小企业进行技术创新活动的一种有效组织形式,通过这种形式,集群内的企业不仅能够充分发挥单个企业的创新活力,还可以弥补其创新资源的不足,通过资源共享和优势互补,中小企业同样可以做出比肩大型企业的创新成果。魏江、申军在研究了传统产业集群创新系统后指出,集群创新系统从根本上来讲是一种集群内部的知识互动,也称集群学习行为,这种互动主要包括两个方面:静态知识积累和动态知识互动。静态知识积累是指全部的集群成员企业以及个人在解决问题的过程中所获取的知识和经验,以各自惯用的方式为基础进行积累;动态知识互动是指知识要素在集群内部的流动和扩散,并以此来提升集群内部企业的技术创新能力。

2. 集群创新优势的研究

关于集群创新优势方面,国内学者胡志坚从国家创新体系的角度来研究产业集群,并论证了多种类型企业的集群和创新模式。刘友金与黄鲁成研究指出,集群创新的优势主要包括企业的知识溢出效应、追赶效应以及拉拔效应三个方面。朱英明提出,集群的创新优势体现在集群内部各个企业之间的互动学习过程、良好的学习环境以及企业个体的学习创新能力等方面。笔者通过建立模型从科技型中小企业外部的创新环境和创新资源的影响力出发,分析了集群内企业的创新绩效问题,从而验证了一个高新技术产业开发区所拥有的独特的创新资源与创业环境对于科技型中小企业的创立与发展、吸引外商投资以及提高地区产品与企业的知名度等方面至关重要。

3. 集群创新能力与机制方面的研究

在企业集群创新能力和创新机制方面,王缉慈指出,产业集群内部聚集着众多的具有创新压力的中小企业和科研机构,同时还具有比较稳定的促进个体间相互学习、交流与进步的合作共生机制。刘友金通过建立模型研究了中小企业集群创新中企业集群行为的约束条件和激励条件,总结出中小企业集群创新过程的一般规律。朱斌和王渝通过构建评价高新区产业集群创新能力的一套指标体系,采取多指标模糊评价的方法对广州、厦门、南京、上海、青岛和福州等地的高新区产业集群的创新能力进行了比较系统的实证研究。张范洲在研究中发现,由于区域中存在着技术传播机构、贸易网络、培训协会和商会等中介组织,可以通过各类中介组织的运作和协调,将创新费用和压力分散到集群内的各个企业,由多家企业共同承担。

通过梳理上述学者的研究成果可以发现,关于集群创新的研究目前依然处于起步阶段,国内的研究成果可以归纳为:首先明确了"中小企业集群创新"的概念,即通过地理位置上的集中或者相互靠近,广大的科技型中小企业以集群的形式进行创新;其次,在集群创新优势方面,企业集群可以产生知识溢出和拉拔效应,能够促进企业间的相互学习;最后,产业集群内包含众多的中小企业和科研机构,同时还拥有相对稳定的能推动彼此之间进行学习交流和进步的合作共生机制等。

2.3.3 集群创新网络理论的研究

科技型中小企业在长期的竞争与协作中逐渐形成有各种创新主体参与的相对稳定的创新网络,通过创新网络的有机运行,进一步促进知识、技术、人才和资本在集群中合理流动,推动创新活动顺利开展。

1. 国外学者关于网络理论的研究

关于集群创新网络理论的研究起源于20世纪90年代,国外学者Freeman研究发现,在集群内部存在知识溢出效应,知识溢出效应促进了集群创新网络的发展和集群经济的增长,因此知识溢出是促进集群创新和提高生产率的重要源泉。Bramanti和Maggioni认为,企业集群的创新网络和创新环境能够产生互动,面对复杂的市场和技术环境,集群内企业通过网络的互动连接能够在企业发展与技术创新活动中做出重要的战略选择,集群内创新网络的发展能够合理改善区域创新环境,而外部创新环境的合理改善,又可以促使创新网络的良性发育和增强集群的创新功能。Torre和Gilly研究了集群的空间邻近性和组织接近性两个维度,指出两个维度使集群中的一系列参与者形成一个互动的网络,如客户、供应商、竞争与合作企业、网络投资公司等,各个行为主体产生各种互动,进行广泛而深入的信息交换,促进集群的创新活动,不断地推动集群健康成长。

2. 国外学者关于集群创新系统方面的研究

进入21世纪以来,一些学者从建立创新网络系统和集群内部的结构、机制的角度提出了新的观点。如Carlos认为,集群创新能力的强弱不仅取决于单个创新主体,还取决于集群的内部组织结构与合作共生机制,以及完成创新并产生经济价值的整个系统。Kieron和Mark分析了集群社会网络的结构和功能对整个网络创新的影响,并通过设置企业自身的R&D投入、知识溢出密度及社会网络密度三个主要变量,构建了网络模型,进一步研究了三个变量之间的关系。Alessandro将集群看作一个有利于信息流通的社会系统或网络,在该网络中,企业间的社会联系能够促使隐性知识的相互传递和编码化,由于创新氛围的存在,集群中的机会主义行为与相应的监控成本将大大降低。

3. 国内学者有关集群创新网络方面的研究

在有关集群创新网络方面的研究中,国内学者大多聚焦于创新网络在集群创新中的重要作用并提出一系列观点。王缉慈从创新系统的角度结合区域发展理论研究指出,区域创新系统是区域创新环境和区域创新网络两者有效叠加之后形成的完整系统,区域中各创新主体间的交互是促进区域创新与技术发展的重要因素。魏江提出,产业集群中的创新网络和普通的网络形式相比,具有较低的控制成本以及更为持久的战略联盟。蔡宁接受此观点并认为,相对于集群内部企业因分工协作所带来的成本优势来讲,创新网络给企业带来的技术创新优势更加明显,他从网络联系的偏好性、多样性和集群的生命周期三个方面细致地分析了网络结构带来的影响,提出集群网络的密集性结构具有较强的资源配置能力和较高的效率,稀疏性网络结构具有获取新颖性信息的能力和抗击打优势。

综合目前国内外学者关于科技型中小企业集群创新方面的研究成果,其中大多数是从区域经济出发,以中小企业集群的视角来研究企业集群的形成机理、竞争优势以及集群竞争力,而将产业集群纳入到企业的创新能力与企业创新成长模式领域的研究几乎是空白;在构建集群创新模型时过于宏观和笼统,从定性的角度展开研究的学者较多,而深入集群内部进行机理研究的学者相对较少,尚未形成一个完整的集群创新理论,对现实中产业集群内企业的技术创新战略和成长模式选择指导性不强,具体表现在以下几个方面:

第一,针对科技型中小企业集群创新发展模式的研究不够深入,集群内各个创新主体在集群创新的具体组织形式、资源共享机制的构建、集群创新的动态演化方式以及集群创新的演变过程等方面,还需要进行深入具体的分析和总结。

第二,对于典型的科技型中小企业集群创新的成功案例研究还不够全面,多数研究仅仅着眼于科技园区内部的中小企业集群创新活动,而有关具体的企业个体如何在集群中获取竞争优势并逐步发展壮大,在成长过程中如何利用集群优势进行技术转移和结构调整,如何体现科技型中小企业的特点以及对典型企业的跟踪调查研究等都应成为今后的研究重点。

第三,关于微观层面的科技型中小企业集群创新的动力机制和运行机理方面的研究不够具体,总体来看是定性研究较多,而定量分析不够深入,对企业集群创新各个发展阶段的演化规律、创新绩效起决定作用的影响因素等方面的关注度不高,此外,科技型中小企业集群创新的价值链分析也应成为今后的重点研究方向。

第3章 科技型中小企业集群创新的产生机理

改革开放以来,随着市场经济的深入发展,在"自筹资金、自愿结合、自主经营、自负盈亏"的原则基础上建立起来的一大批科技型中小企业得到了前所未有的发展和壮大,这类企业通常由具有创新意识的科技人员或者归国留学人员创立,以科技研发、技术转移以及高新技术产品的生产和销售为主营业务。这类企业具有科技含量较高、运作成本低、管理和决策机制相对灵活、市场适应能力和创新活力较强等特点,相对于一般中小企业,有着明显的科技特征和较强的市场竞争优势,在我国目前的"供给侧"改革过程中已经成为科技成果转化和技术创新的主要阵地,在国家培育新兴产业、提高经济活力以及扩大就业等方面发挥着独特作用。尤其是进入 21 世纪以后,科技型中小企业不管是从质上还是量上来衡量,都已经成为国民经济的重要组成部分,是提升我国经济活力和国际竞争力的生力军。但什么是中小企业,在理论和实践中如何科学界定科技型中小企业,目前在学术界和产业界尚未形成一个清晰、统一的认识,笔者拟在综合国内外有代表性观点的基础上,通过文献调研和总结归纳,提炼出中小企业和科技型中小企业的内涵特征,为相关部门进行政策扶持提供参考。

本章在系统总结我国科技型中小企业的内涵与特征的基础上,结合国内外各个地区产业集群的发展状况,深入研究科技型中小企业集群创新的内涵与特征,总结集群创新的竞争优势,并结合集群创新的网络结构,研究科技型中小企业集群创新的动力机制、主要组织模式和一般过程,从多个角度揭示科技型中小企业集群创新的产生机理。

3.1 科技型中小企业的内涵与特征

3.1.1 中小企业的概念

对于中小企业的定义和划分,国际上通行的界定方法主要有定量和定性两种。定量的方法主要是从企业的注册资本金、资产总额、职工总人数和年销售总额等方面来制定划分标准。定性的方法主要包含三个方面的标准:一是市场份额小,企业在其经营的产品和服务领域中不具有市场支配地位,不具备上市融资的规模;二是企业必须独立经营,客观上不受其他利益集团的控制和影响;三是企业被企业家独立拥有或业主持有50%以上的股份,企业所有人对企业具有较高的决策权。因为定性的界定方法不具备统一标准,在很大程度上基于主观判断,所以在国际上不通用,国际上常用的划分标准是定量或者定量与定性相结合的方法。由于各国的国情和经济发展状况不同,关于中小企业的划分标准也存在明显差异。

1. 国际上对中小企业的界定

由于各个国家和地区的生产力水平差别比较大,对中小企业的界定也有所不同。联合国国际会计和报告标准政府间专家工作组(ISAR)在 2000 年 7 月发布的《中小企业指南》中将中小企业分为三类：第一类是微型企业(Micro-enterprise)，经营人员为 1~5 人；第二类是小企业，职工人数在 6~50 人；第三类是中型企业，职工人数在 51~250 人。美国、日本、欧盟等发达国家和地区也都根据自身特点，依据从业人数和资本总额分别制定出中小企业划分标准。美国中小企业管理局(SBA)于 2000 年 10 月采用北美产业分类系统(NAICS)制定出新的中小企业划分标准，该标准将中小企业划分为农林牧渔、公共事业、建筑业、制造业、批发零售业、交通运输业、工业信息业和教育服务等 19 个大类，细分为 350 多个产业，根据企业雇员人数或者企业年平均收入来界定和划分中小企业。以制造业和建筑业为例，美国将制造业中雇员人数不超过 500 人的企业界定为中小企业，将建筑业中平均年收入不超过 2850 万美元的企业界定为中小企业。英国在 2004 年 1 月发布了新的中小企业标准，其中小型企业的界定标准为营业总额不超过 560 万英镑、资产总额不高于 280 万英镑和雇员人数不到 50 人；中型企业的界定标准为营业总额不超过 2280 万英镑、资产总额不高于 1140 万英镑和雇员人数少于 250 人。欧盟在 2003 年 6 月出台的标准中将微型企业定义为雇员人数不足 10 人、销售总额和资产总额不高于 200 万欧元的企业；小型企业为雇员人数不超过 50 人、销售总额和资产总额不高于 1000 万欧元的企业；中型企业为雇员人数不超过 250 人、销售总额不高于 5000 万欧元和资产总额不超过 430 万欧元的企业。在对中小企业的划分中，有些国家是将中小企业作为一个整体来设立标准，还有些国家对中型企业和小型企业先进行细分再设定标准，具有代表性的国家的具体划分标准如表 3.1 所示。

表 3.1 世界主要国家中小企业划分标准

国家	行业与中小企业划分标准
美国	农业：年销售额不高于 100 万美元； 零售服务业：年销售额不高于 22 万美元； 批发业：年销售总额不高于 8 万美元； 制造业：汽车制造业从业人数不超过 1000 人，航空、机械制造业从业人数不超过 1500 人，其他行业从业人数不超过 500 人
日本	零售服务业：从业人数不超过 50 人且资本金不高于 1000 万日元； 批发业：从业人数不超过 100 人或资本金不高于 3000 万日元； 制造业：从业人数不超过 300 人或资本金不高于 1 亿日元

续表

国家	行业与中小企业划分标准
法国	制造业和服务业：从业人数 11～500 人； 手工业：从业人数不超过 10 人
韩国	商业和服务业：从业人数不超过 50 人或资产总额不高于 5000 万韩元； 批发业：从业人数不超过 50 人或资产总额不高于 5 亿韩元； 制造业和运输业：从业人数不超过 300 人或资产总额不高于 5 亿韩元
意大利	所有行业从业人数不超过 500 人，注册资本金不高于 5 亿里拉
西班牙	小企业：从业人数 10～50 人或营业额不超过 1000 万欧元； 中型企业：从业人数 50～249 人或营业额不超过 5000 万欧元
瑞士	制造业、商业、服务业从业人数不超过 499 人
瑞典	所有行业从业人数不超过 200 人
巴西	小企业：从业人数 5～49 人； 中型企业：从业人数 50～249 人

2. 我国对中小企业的界定

随着社会经济的不断发展，我国对中小企业的界定自新中国成立以来已进行了七次调整。初期主要是根据企业的固定资产价值来划分企业规模，在全国工商业的社会主义改造基本完成后，到 1962 年，国家将企业的固定职工总人数作为划分企业规模的标准，把固定职工 500 人以下的企业界定为小型企业，固定职工 500～3000 人的企业界定为中型企业。1984 年，国务院颁布《国营企业第二步利改税试行办法》，以企业的固定资产原值和生产经营能力为标准对我国非工业企业的规模进行重新划分，主要涉及商品零售业、交通运输业和物资回收业等行业的国营小企业。1988 年，国务院再次颁布《大中小型工业企业划分标准》，按不同行业特点分别确立了划分标准，将企业规模分为小型、中型、大型和特大型四类。

1992 年，国务院在 1988 年的划分标准基础上做了进一步细化和补充，增加了对电子工业、轻工业、轿车制造业和医药卫生企业的划分标准。1999 年，又在原划分标准的基础上进行了补充，增加了企业年销售收入和资产总额两项指标，规定企业年销售收入和资产总额均在 5000 万元以上、5 亿元以下的企业为中型企业,年销售收入和资产总额均在5000万元以下的企业为小型企业。

为了充分发挥中小企业在国民经济和社会发展中的作用,改善我国中小企业的经营环境和促进中小企业进一步健康发展,2003年1月1日,我国颁布了《中华人民共和国中小企业促进法》。根据这项法律,同年2月由国家经贸委、国家计划委员会、国家财政部和国家统计局共同制定了《中小企业标准暂行规定》。2011年6月,工业和信息化部、国家统计局、国家发展和改革委员会、财政部联合印发了《关于印发中小企业划型标准规定的通知》,规定各行业新的划分标准,主要根据企业从业人数、年营业收入或资产总额等指标并结合不同的行业制定划分标准,具体如表3.2所示。

表3.2　我国企业规模划分标准

所属行业	指标	微型企业	小型企业	中型企业
农、林、牧、渔	营业收入	50万元以下	50万~500万元	500万~20000万元
工业	从业人数	20人以下	20~300人	300~1000人
	营业收入	300万元以下	300万~2000万元	2000万~40000万元
建筑	营业收入	300万元以下	300万~6000万元	6000万~80000万元
	资产总额	300万元以下	300万~5000万元	5000万~80000万元
批发	从业人数	5人以下	5~20人	20~200人
	营业收入	1000万元以下	1000万~5000万元	5000万~40000万元
交通运输	从业人数	20人以下	20~300人	300~1000人
	营业收入	200万元以下	200万~3000万元	3000万~30000万元
零售	从业人数	10以下	10~50人	50~300人
	营业收入	100万元以下	100万~500万元	500万~30000万元
住宿和餐饮	从业人数	10以下	10~100人	100~300人
	营业收入	100万元以下	100万~2000万元	2000万~10000万元
信息传输	从业人数	10以下	10~100人	100~2000人
	营业收入	100万元以下	100万~1000万元	1000万~10000万元
软件和信息技术服务	从业人数	10以下	10~100人	100~300人
	营业收入	50万元以下	50万~1000万元	1000万~10000万元
仓储	从业人数	20人以下	20~100人	100~200人
	营业收入	100万元以下	100万~1000万元	1000万~3000万元

续表

所属行业	指标	微型企业	小型企业	中型企业
邮政	从业人数	20 以下	20~300 人	300~1000 人
	营业收入	100 万元以下	100 万~2000 万	2000 万~30000 万元
房地产开发经营	营业收入	100 万元以下	100 万~1000 万	1000 万~200000 万元
	资产总额	2000 万元以下	2000 万~5000 万元	5000 万~10000 万元
物业管理	从业人数	100 以下	100~300 人	300~1000 人
	营业收入	500 万元以下	500 万~1000 万	1000 万~5000 万
租赁和商务服务	从业人数	10 以下	10~100 人	100~300 人
	营业收入	100 万元以下	100 万~8000 万元	8000 万~12000 万元
其他	从业人数	10 以下	10~100 人	100~300 人

从表 3.1 和表 3.2 可以看出，国外和国内关于中小企业的划分只是个相对的概念，由于企业所处的行业不同，中小企业的划分标准也有所区别，但是各国对企业的定量划分标准基本上都是以职工人数、资产总额和年销售额等指标来衡量的，且这些标准并不是一成不变的，随着时间的推移和社会经济的不断发展，各个行业的企业规模划分标准也会发生变化。

3.1.2 科技型中小企业的界定

1. 国外机构对科技型中小企业的界定

科技型中小企业是中小企业群体中比较特殊的一类企业，关于这类企业的定义，学术界尚未达成共识。但是，一般的研究都是从科技含量比较高的角度来进行定性描述，如企业员工中科技人员占有较高的比例、研发经费占年销售额比例较大、以高科技产品或服务为主营业务等。对于科技型中小企业来说，"中小"是其规模特征，"科技型"是其本质属性。规模特征是以企业的某些客观指标作为标准，如年销售总额、企业职工人数、资产总额等。其中使用最多的指标是企业职工人数。美国的划分标准是就业人数不超过 500 人，欧盟的划分标准是就业人数不超过750人。有的是以企业占所在行业的相对份额指标为划分标准,即不论一个行业中企业的实际规模大小,只规定一个百分比,凡在这个百分比标准以内的企业都是中小企业。美国常用的相对份额指标是将行业销售总额中占75%的较小规模的企业定义为中小企业。也有的国家是通过市值和研发费用占营业额的份额来界定科技型中小企业,比如美国将市值小于50亿美元的企业称为科技型中小企业;日本通产省把研究开发费用占营业额50%以上、总资产在5亿日元以下的小企业划为科技型中小企业。

2. 我国对科技型中小企业的界定

1999年5月,国务院颁发了《关于科技型中小企业技术创新基金的暂行规定》,该文件首次界定了科技型中小企业的划分标准。科技型中小企业是指在我国境内工商行政管理机关进行登记注册,具有独立的企业法人资格,符合国家相关产业、技术政策,具有较高的科技含量和较强的创新能力,知识产权清晰,技术处于国内同行业领先水平,而且必须是以生产、销售、技术服务和盈利为主要目的,产品或服务有明确的市场需求和较强的市场竞争力,能够产生较好的经济效益和社会效益,并有望形成新兴产业的企业。具体标准进一步细分为:企业必须具备独立企业法人资格,主要从事高新技术产品的研发、生产销售或服务业务,具有大专以上学历的科技人员占职工总数的比例不低于30%,直接从事研究开发的科技人员占职工总数的比例不低于10%,每年用于高新技术产品研究开发的经费不低于年销售总额的5%等。科技型中小企业的具体领域可分为电子与信息、新材料、光机电一体化、生物医药、资源与环境、新能源与高效节能、高技术服务业等。

3. 科技型中小企业的界定

综合国内外相关机构和学界对中小企业和科技型企业的概念界定,并经过调研,笔者认为:科技型中小企业是指由科技人员创办,以市场为导向,高新技术产品的研发、生产和销售为目的,以技术服务、技术咨询和科技成果商品化为主要内容,以自主经营、自负盈亏、自我发展、自我约束为模式的中小型规模企业。它的主要特征包括:

(1) 从科技型的角度来看,产品或服务的主导技术应属于高科技领域,主要包括电子信息、生物医药、新材料、资源与环境、光机电一体化、新能源与高效节能、高新技术服务业等,同时企业有较高的生产经营管理水平和较强的技术创新能力。

(2) 从人员数量和组成结构来看,科技型中小企业的从业人员应当不超过500人,其中科技人员要占30%以上,直接从事研究开发的科技人员占职工总数的比例不低于10%,用于技术开发的经费支出不低于全年销售总额的5%。

(3) 从企业规模和科技贡献率来看,年销售收入和资产总额均不超过5000万元。同时,科技对企业经济增长的贡献率不低于50%。

只有科学地界定了我国科技型中小企业的划分标准,我国相关产业政策的制定和实施才会有可靠的客观依据,相关部门对于科技型中小企业的资助和扶持才能够做到有的放矢,在特殊领域才能采取适当的创业扶持和税收减免等措施,才能够顺应"大众创业、万众创新"的时代潮流,为广大科技型中小企业的健康发展创造良好的外部条件。

3.1.3 科技型中小企业各生命周期中的特点与需求

科技型中小企业是以高技术产品的研制开发、生产和销售为主营业务的中小企业,这个群体富于创新,具有灵活的市场适应能力,除了具有一般的中小企业特点以外,这类企业还具有高投入、高成长、高风险、高收益和较强的创新性等特点,在其生命周期的不同阶段,表现为不同的成长特征。

任何生命体都会经历孕育、诞生、成长、发展成熟直到衰退死亡的过程,科技型中小企业的发展过程也像生命有机体一样,需要经历从孕育到衰退死亡的全过程。科技型中小企业的生命周期包含种子期、初创期、成长期、成熟期和衰退期(见图3.1),企业在不同的发展阶段有着不同的活动方式和发展需求,因此表现出的特点和需求也各不相同。

1. 种子期的特点与需求

种子期也叫创意期,是科技型中小企业成立前的孕育时期。在这一时期,科技创业者首先产生高新技术创意的萌芽,再通过其创造性的探索和研究活动,形成新的理论、方法、创造和发明或者可进一步开发的具有市场前景的项目成果,创业者的活动主要是高技术产品的研究和开发。在这一阶段,还未形成企业实体,未来的企业只是科技创业者脑海中的构思,要形成真正的企业实体还需要大量的准备工作,这个阶段企业对资金需求量较小,所需的投入主要是科技人员的智力和技能要素,在该阶段企业面临的主要风险为技术风险,高新技术的研发是企业的主导因素,技术风险很高。据国外的调查数据显示,从创意提出到将技术成果研发成为具有一定市场商业前景的项目,成功率不足5%。

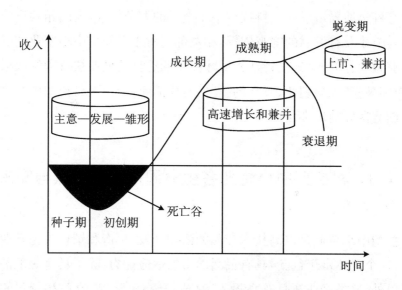

图3.1　科技型中小企业成长阶段划分图

在种子期,科技型创业者最需要的是政府相关政策的引导。在这个阶段,完善的法律法规和行之有效的政策、制度,以及政府的正确引导可以为科技型创业者提供信心和支持。在这个阶段,科技型中小企业需要的资金量比较少,仅为整个创业阶段的5%～10%,企业一般可以通过自筹经费来解决,因此资金需求不是那么迫切,更需要政府的政策引导和战略定位。在这个阶段,科技型中小企业在分配制度、管理模式和社会保障制度等方面存在着诸多不足,因此很难吸引到创新所需要的海外科技人才,政府可以出台积极引进优秀人才归国的相关措施,为科技型中小企业的人才需求提供支持,同时可以利用产学研合作等措施积极扶持科技创业者渡过技术难关。

2. 初创期的特点与需求

初创期也叫孵化期,是科技创业人员将经过种子期研究探索后形成的技术成果,通过创业活动来实现科技成果产业化的阶段;是吸引各种资源和要素投入,从而建立一个具有一定组织结构体系的企业的阶段;是企业严格意义上的创立起始阶段。在这一阶段,企业的主要行为是将科技成果向现实生产力转移的行为和企业家创办企业的行为。这一阶段企业的主要特点是具有较强的创新意识和学习能力,但是企业在高新技术产品市场中的份额不足,产品优势难以得到充分的体现。由于企业的创立者身兼数职,既是所有者又是经营者、决策者,决策层管理经验不足,缺乏长远的发展规划,导致初创期企业机构不健全,缺乏严格而规范的决策机制,在管理水平和内部的制度建设方面比较滞后。

从资金需求来看,由于初创期企业需要大量的资源要素投入,因而对资金的需求数量较大,资金的投入密度较高。但是,由于企业处于成立初期,还未能在短期内得到社会各部门,尤其是金融机构和风险投资机构的关注和认可,融资问题是这个时期企业发展的瓶颈问题。所以,初创期的企业是否能够通过适当的渠道筹集到企业成长和发展的必需资金,从而顺利走出"死亡谷",成为企业面临的首要问题。

从企业面临的风险来看,初创期科技型中小企业面临的主要风险是创业风险,包括企业将技术研发成果向现实生产力转化过程中面临的技术风险、产品风险、经营风险、市场风险和财务风险等。在此阶段,企业能否经得起各种综合性风险的考验,关键问题就在于企业的管理者能否将自己的技术成果与风险投资相结合,企业能否得到政府创新基金的资助,以及是否主动适应外部市场环境的变化,改善经营管理水平等几个方面。所以这个阶段是企业发展过程中最为艰难和最需要支持的一个关键阶段,最需要政府的政策支持和社会资金的资助。

3. 成长期的特点与需求

成长期是科技型中小企业经过艰苦的创业期,实现科技成果向现实生产力转化之后,进入了正常发展的时期。在这个时期,企业的生产或服务已经得到了消费者的认可,企业的销售和利润已经形成并快速增长,市场份额持续增加,经营规模不断扩张,已经形成了企业的核心竞争力。企业要提高自身的科技创新能力,通过内部挖潜和设备改造,努力地降低成本,提高产品质量,提升工艺水平,大量吸引高科技人才,优化组织结构,改善营销水平,通过各种途径有效地增强自己的市场竞争力。

从资金需求来看,这个时期的企业素质已经有了明显提高,经营管理水平已经明显改善,企业为了适应市场需求而不断地扩大生产经营规模,需要追加大量的资金投入,但是这个时期的融资问题已经不再是主要难题,因为企业的产品或服务已经得到了市场的认可,企业已经在社会上建立起比较好的形象和声誉,企业可以通过多种渠道筹集资金,既可以通过银行贷款,也可以通过风险投资和资本市场筹集资金。所以,企业所关注的重点在于如何优化自身的资金结构、降低融资成本、提高资金的利用率和资金的收益水平。

从企业面临的风险来看,在这个时期企业的技术已经经受了市场检验,企业已经具备了比较成熟的技术水平,因而技术风险已经不再是主要风险,企业面临的主要风险是决策风险、管理风险和市场风险。在这个阶段,由于企业要扩大规模,进行多样化生产,优化产品结构,所以在经营决策方面面临着较大的考验。企业规模的扩大,生产经营的复杂性的提高,对管理的科学性和规范性提出了更高的要求,因此这个阶段的企业要想实现快速而稳定的增长,必须提高企业的经营管理和决策水平,为企业的长远发展奠定基础。

4. 成熟期的特点与需求

经过快速成长期的高速发展,科技型中小企业步入成熟期,处于成熟期的企业已经达到了一定的规模,占据了一定的市场地位,形成了比较完善的组织结构体系,企业的管理方法和经营手段比较成熟,产品的销售增长率和企业利润增长率在达到某一点后将趋于平稳,为了防止企业进入衰亡期,科技型中小企业在这一阶段要保持企业的不断成熟壮大,可以通过技术创新、管理创新、组织创新、产品创新等手段,加强对高技术产品或服务的研发力度,维系企业的市场竞争优势。

从资金需求和融资渠道来看,成熟期的企业已具有一定的市场地位和信誉度,可以通过资本市场和银行等渠道融资,融资已不是大问题,关键在于选择合适的融资渠道进行组合融资,尽可能地降低市场风险,保持资金链的畅通,维持企业日常的生产运营和研发活动,继续保持企业的发展活力。

从企业面临的风险来看,由于成熟期企业已具有一定的市场规模和销售渠道,市场风险和管理风险较低,企业面临的主要风险是技术风险和产品风险,为了巩固自身的竞争优势,需要继续加大企业的技术创新力度,进行工艺创新和产品创新,尽可能地占领细分市场,进一步拓展发展空间,进一步发挥规模经济和范围经济的优势,为企业的结构升级和产品换代做好准备。

5. 衰退期的特点与需求

科技型中小企业如果在成熟期能够抓住发展机遇,积极进行技术创新、管理创新和产品创新,保持企业良好的发展势头,条件成熟后就进入了蜕变期。如果在激烈的市场竞争环境下依然墨守成规,无法保持良好的发展势头,其就可能被其他的竞争对手超越,最终将步入衰退期,导致企业的消亡。科技型中小企业的蜕变不仅仅表现在通过扩大经营规模进而转变为大型企业,更重要的是在企业内涵上的转变和管理模式的升级,具体表现在企业的研发能力、组织结构、人才队伍、技术设备、营销服务、企业文化和发展战略等多个方面发生质变。这相当于第二个创业期,企业能否在这个时期取得成功的关键在于管理者和企业高级技术人员对企业变革的态度与创新精神。

从资金需求来看,这个阶段的企业转型是从更高层面的产业价值上进行的新的循环,表现为企业资产数量的扩张和质量的提升,因而需要大量的资金投入,需要有更加完善的金融市场和资本流动机制作为保障,企业可以通过技术转移和闲置资产变现等各种途径来获得转型所需资金。

从风险特征来看,这个阶段企业面临的主要风险为转型风险,因为这个阶段的科技型中小企业将发生大量的资产置换和资源要素的重组,会引起企业经营收益的大幅波动,因此企业需要采取稳定、渐进的方式以规避风险,确保企业转型顺利成功。

从上述分析可以看出,科技型中小企业在其生命周期中的不同发展阶段表现出不同的特点和需求(见图 3.2)。为了鼓励"大众创业、万众创新",充分发挥科技型中小企业在促进社会经济发展中的积极作用,提高企业的自身竞争力和抗风险能力,就必须由政府在宏观政策方面对这类企业的成长和发展进行积极的扶持和引导,为企业的成长和发展创造良好的外部环境,需要政府建立和健全相关的法律法规和制度体系,保护创业者的合法利益,为企业的成长营造公平的竞争环境。同时,需要政府加大对科技型中小企业的政策扶持力度,不断优化企业的内、外部融资环境,促进全方位的产学研合作,拓宽企业的发展空间,为企业的技术研发和产品的生产与销售多创造有利条件。此外,政府还应该不断地完善社会化的科技中介服务体系,为企业提供信息咨询、技术服务、人才培养和创业咨询等全方位的服务,及时有效地采取有力措施,提高企业的创新能力,增进各类企业之间的交流与合作,为我国科技型中小企业的健康发展提供良好的外部环境。

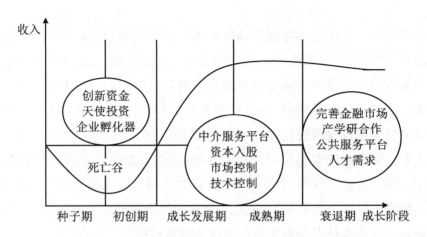

图 3.2 科技型中小企业生命周期各阶段的特点与需求图

3.1.4 科技型中小企业的表现特征

科技型中小企业是以科学研究、技术研发、技术转移以及高科技产品和服务的研发、生产、销售为主营业务的企业。这类企业具有科技含量高、建设所需资金少、建成周期短、决策机制灵活、管理成本低廉、市场适应能力和创新活力较强等特点。此外,科技型中小企业还具有以下一些特征。

1. 研发投入高

科技型中小企业从事高技术产品和服务的研发与制造,技术含量高,所需的人员、技术和设备也不同于普通企业,技术研发是科技型中小企业的生命。相比一般的中小企业而言,科技型中小企业一般由一批懂技术、善管理的高技术人才创办和管理,这些科技人才利用自身的技术优势进行高技术产品的研发或者向社会提供具有高科技含量的技术服务。由于该类企业向社会提供的产品和服务具有技术上的创新性和前瞻性,在其创业阶段和成长发展阶段,需要大量的高科技人员、资金和相应设备的持续投入,从而维持其新产品的开发和新技术的应用。一般而言,科技型中小企业的研发投入要比一般的中小企业高上数倍甚至数十倍,主要体现为高新技术及产品的研究开发组分比例高、研究开发费用投入高以及科技人员占比高等。这类企业科技人员要占30%以上,直接从事研究开发的科技人员占职工总数的比例也不低于10%,用于技术开发的经费支出要占全年销售额的3%以上。

2. 高成长性

科技型中小企业主要由一批具有专业特长和独立性、创造性较强的年轻成员组成,他们能够及时捕捉和把握最新的市场前沿信息,学习和创新能力较强,容易接受新事物,具有高度的灵活性、适应性以及先进的创新开发理念,能够熟练地应用最新的科学技术,从而在很大程度上提高了工作效率,让该企业具有较强的创新能力。再加上该类企业生产的产品和提供的服务技术含量较高、差异化较大、同类产品较少,从而让该类企业具有较强的市场竞争力。相对于大型企业来说,该类企业能够迅速抓住稍纵即逝的市场机会,能够有效地寻求和利用各种机会介入市场,实现跳跃式发展。所以科技型中小企业在初创期和成长期发展速度非常快,能够实现大型企业几倍甚至十几倍的成长速度。

3. 高风险

科技型中小企业在研制开发阶段投入较高,受社会经济运行、科学技术进步、研究设计思路及技术手段、人员素质、组织管理水平等诸多因素影响,该类企业在生存时间和盈利能力等方面都存在着一些不可预知的风险,具有很大的不确定性。其风险性和不确定性主要体现在三个方面:一是中小企业自身的规模;二是企业所处的外部环境的不确定性;三是企业自身创新活动的不确定性。这些因素的存在,致使该类企业的风险是多元化的,而且其固有的在人才、技术和资源等方面的局限性,使其在将新技术、核心工艺转化为实际产品或服务的过程中会出现更多的不确定性。同时,该类企业开发的新技术和研制的新产品在多大程度上能被市场接受,以及新产品、新技术在市场上的扩散速度等都具有一定程度的不确定性。此外,由于我国的知识产权保护和监管制度尚不完善,企业被模仿和侵权的可能性较大,从而导致较高的知识产权风险。由于企业内、外部多种潜在因素的存在,所以科技型中小企业比大型企业的风险更高。

4. 高收益性

高收益性是指成功的科技研发可以为科技型中小企业带来更高的产品附加值,产生很高的市场回报率。如果企业能够在某个领域研发出某种独占的技术或服务,直接导致市场需求旺盛和技术垄断,那么将为企业带来超额收益,这是传统的大型企业无法比拟的。通常情况下,科技型中小企业的创新和研发新产品、新技术的成功率不是太高,只有20%左右,但是一旦成功,其收益将以几何级数增加。尤其是在当前的"互联网+"时代,科技型中小企业可以利用自身优势,彻底改造传统行业的发展和盈利模式,塑造全新的更具发展活力的生态体系,在大幅降低成本的基础上保持自身利润的长期高速增长。

5. 较强的创新性

科技型中小企业规模小、风险大,与大型企业相比有许多的先天不足,要突破自身限制,从而得以生存并取得市场竞争优势,就必须不断地进行科技创新。只有不间断地创造新产品、研发新技术和提供新服务,才能在激烈的市场竞争中取得一席之地,所以创新是科技型中小企业的鲜明特点之一。只有采用科技含量较高的工艺和手段来生产产品或提供服务,才能在一定程度上提高产品的性能,优化自身的服务水平,进一步提高自己的劳动生产率和资源有效利用率,实现企业经济效益和社会效益的提升。科技型中小企业起源于创新,同时又在创新中不断成长,其研发技术水平和科技创新能力是企业成长的关键因素,企业在高新技术的不断研究和开发过程中实现自身的发展和壮大,所以该类企业是企业群体中最富有创新活力和创新能力的重要组成部分。

3.1.5 科技型中小企业在社会经济发展中的作用

一个国家的企业科技创新能力是这个国家科学技术发展水平的重要体现,一个地区的科技型中小企业综合实力和产业竞争力的强弱直接决定了该地区的区域特色经济发展水平和新兴产业的发展方向。近年来的实践表明,科技型中小企业已成为我国国民经济的重要组成部分,从技术咨询、课题攻关到产品生产和工艺改造,科技型中小企业已经发展成为促进我国国民经济健康、快速、持续发展的一支充满生机和活力的生力军,成为我国经济发展的新增长点。科技型中小企业对我国国民经济的促进作用主要体现在以下几个方面。

1. 科技型中小企业有力地推动了我国社会经济的增长

科技型中小企业是由科技人员为主体进行创业,以高科技产品或服务为经营对象,以市场为导向,生产高科技含量和高附加值产品的企业群体,是我国社会经济快速、健康发展的重要支柱。据统计,从 20 世纪 90 年代以来,我国经济的高速增长主要依赖于中小企业的发展,国家工业新增产值的 76.6% 是由中小企业创造的,其中科技型中小企业更是发挥着不可估量的作用。截至 2017 年底,全国共有高新区 156 个。高新区内高新技术企业达到 52265 家,占全国高新技术企业总数的 38.4%;高新区内在孵企业数达到 61743 家,当年新注册企业数 38.6 万家,平均每天新注册企业 1058 家;国家级高新区新产品销售收入 73594.5 亿元,占高新区产品销售总收入的 33.3%。2017 年,高新区内高科技产品出口额为 18833.4 亿元,占全国高新技术产品出口总额(45150 亿元)的 41.7%;高技术服务业营业收入 37339.1 亿元,技术服务出口额为 1809.2 亿元,占全国服务出口总额(15407 亿元)的 11.7%。2017 年国家高新区全年实际利用外资 3242.1 亿元,占全国实际使用外商直接投资(8776 亿元)的 36.9%,

高新区共拥有世界500强投资企业3111家。

从上述数据中可以看出,我国的科技型中小企业已经成为推动我国国民经济快速成长的生力军,在技术含量、产品总值、出口贸易总额和纳税总额等各项指标上都出现了大幅攀升,表现出勃勃生机和强劲的发展势头,成为拉动我国国民经济增长和推动经济健康发展的重要力量。

2. 科技型中小企业是推动技术创新的重要力量

科技型中小企业在技术创新方面发挥着重要作用,虽然科技型企业的数量仅占全国中小企业总数的3.13%,却拥有全国约65%的专利发明、75%以上的技术创新和80%以上的新产品开发,其技术创新不仅在数量上占有相当的份额,而且在创新水平和质量方面相比大企业来说也表现出明显的优势,很多对社会经济发展具有关键作用的技术、产品和服务都来自科技型中小企业占主导地位的产业,比如计算机软件业、生物医药技术产业、新材料、器械配件、电子元器件等。科技型中小企业之所以在技术创新方面存在优势,原因就在于其能用尽可能少的资源创造出具有高科技含量的产品和服务,高新技术为科技型中小企业的技术创新活动提供了物质和技术基础。

3. 科技型中小企业有力地推动了我国区域特色经济的产业竞争力

区域特色经济是指同类或者相关产业在一个特定区域范围内集聚,形成比较优势,带动当地社会经济发展的特色产业及其组织形式。由于我国西部地区矿产资源、生态资源和旅游资源比较丰富,许多科技型中小企业立足于开发本地资源,研制开发具有地方特色和市场竞争力的产品或服务,形成独具特色的区域经济。如云南的中草药产业、广西的旅游经济、西藏的藏药产品等,在很大程度上就是由地方的中小企业带动和成长起来的。

科技型中小企业不仅为资源丰富、具民族特色的西部地区区域特色经济的发展提供了思路,也为中部和东部区域的特色经济提供了新的经济增长点。比如浙江温州的制鞋业、江苏的毛纺织业、山东与河南的农产品加工业、江西景德镇的瓷器制造业等,传统产业的快速发展,在很大程度上都是利用科技型中小企业与市场紧密结合的运营机制,运用其能够迅速地实现科技成果产业化的特点,实现以高新技术改造传统产业,完成地区产业结构的调整与升级,提升区域特色经济的产业竞争力。

4. 科技型中小企业是提高我国企业国际竞争力的主要推动力

由科技型中小企业经过技术创新而发展壮大成高科技企业的联想集团、北大方正集团、清华同方等计算机行业和信息产业领域的一批明星企业,经过十多年研发和经营,已明显缩短了我国与发达国家在具有高科技含量的信息产业等领域的差距,甚至在某些方面已经超越了发达国家,一批具有自主研发能力和市场开拓能力的科技型中小企业通过对外销售、海外设厂和跨国兼并等迅速向外扩张,直接地参与国际竞争,或者将国际上的先进技术引进国内,通过引进、消化、再吸收,最后把经过工艺改造的产品返销国际市场。如联想集团在合并美国 IBM 公司的 PC 业务后,直接利用美国的技术并融合自身的管理方式,进行本地制造和营销,迅速实现自身规模的扩张和技术改造升级,扩大了国际影响,也为我国民族工业的发展和振兴增强了信心。

5. 科技型中小企业是增加我国城乡居民就业的主要渠道

科技型中小企业投资少、经营方式灵活、职工工资相对较低,相对于大企业来说,同样的资本可吸纳更多的劳动力,是城镇下岗职工和失业人员重新就业与新增劳动力就业的主要渠道。近年来,电子信息技术和信息产业的迅猛发展,为大量的科技型中小企业的诞生和成长提供了难得的发展机遇。同时,这些企业也为社会创造了更多的就业机会。尤其是在劳动密集型产业中,中小企业单位投资新增加的劳动力,要明显高于大型企业。由于科技型中小企业量大面广,从国有企业下岗和分流的职工在经过培训后有 80% 以上在中小企业实现了再就业,同时科技型中小企业也是具有一定技术的农民工的就业主渠道。在激烈的竞争环境下,一些高校毕业生选择科技型中小企业作为他们施展才华的舞台,还有一部分掌握一定科学技术的退伍军人也在中小企业得到了妥善的安置。因此,科技型中小企业已经成为缓解社会就业压力、稳定社会秩序和增加群众收入的主要力量,在建设社会主义和谐社会的过程中发挥着不可估量的作用。

科技型中小企业是我国技术创新和科技成果转化及产业化的重要载体，是促进经济增长、带动就业、培育新兴产业的重要源泉，是经济发展中最具创新活力的企业集群，在国家的经济结构调整、培育新产业、提高经济活力和竞争力、扩大就业等方面发挥着重要作用。但是，由于该类企业固有的高投入、高风险、高成长和高收益的特点，以及创新资源不足的限制，该类企业的成长和发展并不乐观，在创业初期和成长期举步维艰，绝大多数企业的寿命不足五年。为了促使科技型中小企业能够顺利走出"死亡谷"，还需要国家在企业融资、信贷、税收、金融、公共服务和创新资助等政策层面为企业扫清障碍，通过各种途径，为企业提供资金、技术、人才、知识产权保护以及风险投资等方面的支持，为科技型中小企业的成长和发展保驾护航。

3.1.6 科技型中小企业面临的主要问题

与传统企业相比，科技型中小企业是一种知识型、技术型、人才密集型并以追求创新和快速增长为发展核心的企业，是具有高投入、高成长、高收益和高风险性的极具创新活力的企业群体，也是高新技术产业发展和高科技大型企业成长的摇篮。在"大众创业、万众创新"的时代浪潮中，该类企业的总体规模和实力正不断扩大，逐渐成为促进国民经济稳定快速增长的重要支撑，也是提高国家竞争力的重要源泉。尽管我国科技型中小企业整体强势发展的趋势不可阻挡，但是这并不能掩盖其个体的弱质性，科技型中小企业普遍采用的是"机会导向"成长模式，单个企业规模偏小，发展后劲不足，在市场上抗风险能力较差，管理水平和发展能力低，极具成长潜力的企业比重较低，与大型企业相比，科技型中小企业隐含着更多的生存和发展危机。伴随着我国改革开放政策的逐步实施，我国科技型中小企业走过了30多年的发展历程，与发达国家相比，这些企业在发展规模、自主创新能力、国家对科技型中小企业的各种扶持政策、生存和发展的外部环境等方面都存在着明显不足，主要表现在两个方面。

1. 企业的自身问题

科技型中小企业的成长和发展是一个值得关注的重要问题，找出企业在成长和发展过程中遇到的具体瓶颈和发展障碍更是一个亟待解决的问题,我国科技型中小企业在成长和发展过程中的自身问题主要表现在以下几个方面。

(1) 企业的创新能力较弱

我国的科技型中小企业发展势头迅猛,截至2018年底,我国的科技型中小企业数量已经突破13万家,从业人员达1000多万人。但是,科技型中小企业的数量仅占我国中小企业总数的3.3%,其总体规模、技术创新能力以及该类企业对国民经济贡献等指标与西方发达国家相比还有很大的差距。早在2012年,欧盟的科技型中小企业总数便超过了800万家,德国三分之二的专利是由中小企业注册的。在美国的高科技产品中,70%以上的出口品种是由中小企业提供的,而我国不足20%。

(2) 企业管理水平不高

我国的科技型中小企业多数由科技创业人员创立,这些科技人员具有较高的科学技术能力和高昂的创业热情,对于新事物的接受能力较强,但是由于相对年轻,他们的企业管理经验不足,随着企业规模的扩大,企业管理层缺乏既有专业特长又有管理决策能力的复合型人才,企业管理层的管理能力和决策水平有待进一步提高,这在很大程度上造成了企业快速发展与其管理水平脱节的局面,影响了企业技术创新水平的提高。

(3) 企业融资困难

科技型中小企业发展的核心要素是资金、技术、人才和市场。其中资金问题长期以来始终是制约企业发展的瓶颈,由于天使投资不足以及我国目前的资本市场不健全,在企业的初创期,风险投资家对该类企业的市场发展前景并不看好,风险投资不愿介入,同时企业受到自身各种条件的制约,又得不到银行等金融机构的认可,再加上国家创新基金的资助范围比较有限,企业很难获得足够的资金来维持日常运营和长远发展。因此,融资难仍然是困扰我国科技型中小企业的最大问题。据调查,超过50%的中小企业明显感到资金不足,大约有65%的企业感到在资金筹措问题上存在较大困难。这直接制约了企业的发展速度,影响了企业做大做强的进程。

(4) 产业集群水平较低

从整体上看,我国各地有大大小小、不同特点的高新技术产业开发区,截至2018年,经国务院批准的国家级高新技术产业开发区为168个,比2017年增加了12个。开发区内也聚集了不少企业,但是除了北京中关村、浙江和广东部分地区集群效应明显之外,其他高新技术开发区的众多企业依然是各自为政,产业链的上、下游联系不够紧密,集群创新的力度不够,未能发挥出集群效应,在公共资源的利用率上远远不够。从协作上看,在一些高新区内各行业的专业化分工不够明显,企业间的合作不够紧密,缺乏行业性组织机构,区内产业配套能力较弱。

2. 企业的外部环境问题

面对新经济时代带来的挑战与机遇,在经济全球化和区域经济一体化进程中,发展科技型中小企业已成为一个国家和地区经济增长的关键因素。近年来,发达国家科技型中小企业快速发展,并为国民经济的增长做出贡献,其主要原因在于科技型中小企业拥有能够健康发展的外部环境,而我国的科技型中小企业的发展受到了制约,在一定程度上应归咎于其发展环境不够完善。

(1) 我国的资本市场不够完善

由于我国的资本市场不够完善,企业上市门槛过高,创业板刚刚起步,再加上风险投资发展不成熟,民间风险投资公司不敢介入,企业很难在资本市场上筹集到所需资金。银行贷款限制条件过多,企业也难以通过金融机构获得贷款。诸多的限制条件使得科技型中小企业在初创期举步维艰,众多的企业只能依靠创业者的自有资金艰难度日,导致大量企业尚未走出"死亡谷"便中途夭折。

(2) 国家对科技型中小企业的扶持力度不够

为了进一步资助和扶持我国科技型中小企业的成长,鼓励中小企业的创新活动,科技部和财政部于1999年6月正式启动了科技型中小企业创新基金,计划每年的扶持额度为10亿元,旨在扶持和引导科技型中小企业的技术创新活动,促进科技成果转化,加快高新技术产业化进程。创新基金成功地运行了16年,取得了明显的成效,为我国的科技创新事业做出了很大的贡献。但是,由于我国科技型中小企业数量庞大,获得资助的企业只占极少数,有限的基金对于全国的企业需求来说只是杯水车薪,难以在更大范围内解决企业的筹资难问题,因此国家还需进一步完善资助政策,加大对该类企业的扶持力度,为企业的成长创造更好的发展环境。

（3）社会服务体系不够健全

我国虽然存在很多的科技中介服务机构,但是针对中小企业技术创新的技术支撑体系和服务体系还不够健全,技术中介服务功能比较单一,主要集中于技术转移和技术交易,资金、人才、信息等方面的服务意识比较薄弱,政府对科技中介服务机构的引导不足,政策和资金扶持不够,未能建立起全方位的综合性服务机构,导致企业间相互合作和交流的体制和机制发展滞后,不能发挥出理想的服务功能。

（4）外部发展环境不够理想

现阶段,我国政府和行业协会等相关组织在科技型中小企业的国际和地区科技合作、人才引进环境、企业融资环境、知识产权保护环境等方面的协调工作依然存在不足。高新技术企业在成长过程中对外部环境的要求比较高,在现实中可以发现,在一些资金、技术、人才和设施比较好的地区,尤其是高新科技园区,企业的发展就颇具活力,而在大多数外部环境较差的地区,高科技人才的流失现象就比较严重。由于资金和人才的不足,企业的发展后劲就受到严重影响,致使不少企业走不出创业初期的"死亡谷"。

3.2　产业集群的发展状况

产业集群最初出现在19世纪初,受地理位置、外部环境、矿产资源与历史文化等诸多因素影响,部分地区形成了一些相对较小的产业集群。而后,随着世界范围内机器大工业的发展,在经济全球化以及区域经济一体化的背景下,产业集群得到了迅猛的发展和壮大,并逐渐显示出强大的生命力,为各个国家和地区区域经济的发展树立了典范,至今已经发展成为世界范围内普遍存在的一种经济现象。为了进一步促进地区的产业竞争力提升和区域经济的快速发展,当今世界的很多国家和地区都在积极地制定区域产业政策,以培育和扶持产业集群的发展。但是,受限于自身的经济发展水平和政治经济管理体制等多种因素,不同国家和地区的产业集群在产业领域、发展规模、产生机理、运营机制、发展阶段以及组织结构等诸多方面存在着显著差异。为了进一步推动我国重点区域高科技产业集群的健康发展,笔者将对世界范围内具有代表性的国家和地区的高科技产业集群的发展状况进行描述、比较和分析,同时对我国部分重点地区的高科技产业集群现象进行探讨,从而寻求一条能够促进高科技产业集群发展的有效途径。

3.2.1 国外产业集群的发展状况

在经济全球化和世界经济一体化趋势的有力推动下,为了抢占国际产业竞争力的制高点以及科技发展的主动权,各个发达国家和地区的政府部门都在积极制定科技和产业发展的专项政策,努力营造优良的政策环境来促进具有较高科技含量和高附加值的高新技术产业发展,力争在新一轮的科技浪潮中树立自己的市场主导地位。从各个发达国家高新技术产业的发展趋势来看,绝大多数国家和地区的高新技术产业都在部分独具产业特色的地区逐步形成高新技术的产业集聚,如美国的硅谷、英国的剑桥、印度的班加罗尔和日本的筑波等高科技产业集群,它们为各个国家和地区区域经济的健康发展以及高新技术的传播和转移树立了典范。

1. 美国硅谷地区产业集群的发展

美国硅谷地区是当今世界上最具创新活力和创新潜能的高新技术产业集群,该地区位于加利福尼亚州的中部,孕育了一大批诸如亚马逊、思科、英特尔和 IDCC 等久负盛名的高科技企业,同时集聚着 IBM、微软、雅虎、网景和瑞森等国际知名企业。20 世纪 50 年代,该地区诞生了世界上第一个大学科技园——斯坦福研究园,该科技园被公认为硅谷发源地。硅谷中除了有斯坦福大学之外,还有加州大学伯克利分校、圣塔克拉拉大学等世界著名高校和科学研究机构。以斯坦福大学为代表的高等院校和科研院所积极联合当地的产业界,承担大量的高科技研究项目,为硅谷高新技术产业的创新活动提供了充足的人力资源和智力支撑。到了 20 世纪 60 年代,硅谷借助美国国防部的专项采购基金支持,成立了微电子公司,至 60 年代后期便成为美国航天工业和电子工业工程中心。到了 70 年代又逐渐开发半导体技术,使得半导体工业成为硅谷地区的主要产业之一。同时,硅谷注重开发风险投资,全面建立社会融资渠道网络,不断完善自我支持的金融系统。到了八九十年代,随着世界范围内IT产业和软件产业的蓬勃兴起,计算机工业和智能产业一跃成为该地区最为活跃的基础产业,时至今日,该地区的软件产业逐步取代硬件制造业,开始成为推动硅谷地区发展的中坚力量。进入21世纪,在美国100家规模最大的科技型企业中,硅谷占33%以上,每年出口的电子产品金额也超过了美国电子产品总出口额的30%。

从硅谷的发展历程可以看出,它的发展是在充分利用本地创新资源的基础上,建立独具特色的区域创新网络,通过人才、技术、资金和服务在本地的良性互动,有效地推动地区的高科技产业和区域经济的协调发展,最终成为当今世界最为成功的高科技产业开发区与知识经济的聚集地。除此之外,硅谷地区不断成立的大量的风险投资机构和逐步形成相对完善的金融保障体系,以及不断涌现的正式和非正式的各类行业协会都为硅谷地区区域经济的发展注入了新的活力。

2. 英国剑桥工业园区的发展

英国剑桥工业园区被誉为欧洲硅谷,该园区是在模仿美国硅谷发展模式的基础上建立起来的,但它的发展模式相对于美国硅谷而言又有所不同。20世纪60年代末期,英国政府呼吁各高等院校与工业界、产业界进行联合,鼓励产学研密切合作。在此背景下,剑桥大学开始积极筹备建立剑桥工业园。该园区落成后,在20世纪七八十年代初发展较为迅速,到了80年代末期,由于英国国内经济发生了持续衰退,致使剑桥工业园区的高新技术产业发展放缓。1993年开始,剑桥工业园与其周边区域再一次出现增长势头。到了2000年,剑桥地区聚集了1200家高科技公司,从业人数超过35000人,年贸易总额突破40亿英镑。

剑桥工业园区充分利用剑桥大学在信息科学、应用物理学和生物科学等领域拥有的人才优势,催生并吸引了大量的高新技术公司,其中有一半以上的公司和剑桥大学密切合作,在人才培养与技术资源共享等方面深入合作,合作领域包括电子元器件、计算机软件、硬件,科学精密仪器设备的研究、开发与生产制造。同时在生物医药、空间技术和能源化工等方面也展开了一定范围的研究开发。经过 30 多年的持续发展,剑桥工业园像美国硅谷一样吸引了大批的大型跨国企业的研究机构,包括甲骨文、诺基亚、微软、施乐和日立等。

从剑桥工业园所取得的成功发展经验可以看出:首先,剑桥大学的发展对园区的不断壮大功不可没,在高科技产业领域人才培养、技术研发和成果转让等方面发挥了积极的作用;其次,相对完善的金融服务体系在园区内各类科技型中小企业的发展过程中提供了优质和稳定的资金保障;再次,健全的劳动力人才市场和灵活的人事制度在园区内企业的发展用工方面提供了有力的智力支持和人才保障;最后,配套比较完整的专业化服务机构为园区内企业的成长、发展提供了良好的外部发展环境。

3. 印度班加罗尔地区产业集群的发展

在印度南部有个卡纳塔克邦,其首府为班加罗尔。20 世纪 90 年代初,印度政府为了大力发展本国的高科技产业,于 1991 年在班加罗尔地区着手建立了印度国内首个计算机软件科技园区。在联邦政府和各级地方政府的大力支持下,经过近 30 年的迅速发展,班加罗尔由一个人口仅 500 万的普通首府城市,演变成为印度国内软件产业的聚集地,而且跻身全球五大信息科技中心和世界十大"硅谷"的行列,汇集了 IBM、思科、摩托罗拉、英特尔、微软、西门子、康柏、惠普等多家世界著名跨国公司的研发中心与产业基地,吸引了众多的留学人员回国创新创业。截至 2008 年底,印度软件产业的总产值突破 870 亿美元,仅出口一项就有 500 亿美元,从而让印度一跃成为世界第二软件大国。

印度班加罗尔地区是世界高科技产业集群中成功运行的典范,其短时期内能够崛起并发展壮大的原因在于:首先,印度政府和卡纳塔克邦地方政府在资金和政策等方面的大力支持,为企业的创新发展提供了优越的外部环境,吸引了大量的高科技人才来此创业;其次,班加罗尔地区拥有相对完善的信息技术教育培训体系,聚集了众多优秀的先进技术和研究机构,为该地区软件产业的发展壮大输送了大量的高素质人才;最后,班加罗尔地区推行严格的质量监督管理,借助美国软件产业的质量管理标准,促使区域内大多数的软件公司都通过了 ISO9001 国际认证,在国际社会赢得了广泛赞誉,为该地区产业集群走上可持续发展道路提供了坚实的保障。

4. 日本筑波科技城产业集群的发展状况

第二次世界大战结束以后,日本的高科技产业集群在短时期内得到了迅猛发展,科技创新普遍地被广大日本高科技中小企业视作企业生存和发展的生命线,科技创新成为企业提高自身市场竞争力的核心手段。截至2012年,日本国内的企业总数大约有386万家,其中科技型中小企业达到380万家,占比98.4%,就业人数占总就业人数的70%以上。在日本的高科技产业集群的发展过程中,筑波科学城的建设和发展备受关注,其在20世纪80年代就已经初具规模,其科技进步对日本GDP增长的贡献率达到60%。90年代,日本政府开始推出新的"科技政策大纲",将高科技产业列为发展重点,并且通过财政补贴、税收减免和信贷优惠等行政和经济手段,大力扶持广大科技型中小企业的成长和发展,重点对电子信息、生物工程、新材料等领域的企业实施优惠税制与资产折旧补贴制度,对重点产业领域的企业开展技术研发活动给予资金补助。

日本的高科技产业集群从整体上看,属于资本与技术结合型的产业集群,其主要特点有:第一,日本的高科技产业集群是以创新型高技术企业为主体,以知识和技术密集型产业和产品为内容,以创新网络和商业运行为依托的创新模式。第二,在产业集群的发展过程中,以高科技服务中介机构为枢纽,通过中介服务机构的有效运作,促使集群内的高等院校、科研院所和广大高科技企业间的技术转移和最新专利转让活动的顺利开展,从而为新技术在产品研发和生产过程中的及时运用提供保障。第三,注重高层次人才的培养、引进与合理流动,打造了一支高水平的技术研发队伍,有效地促进了高科技产业集群内新产品和新技术的研发、试制以及技术转移,为产业集群的健康发展提供专业化的人才保障。

5. 意大利产业集群的发展状况

意大利素有"中小企业王国"的美称,其国内的小企业数量多,企业规模偏小,职工人数在10人以上、500人以下的中小企业达到90多万家,占全国企业总数的99%以上,其中工业企业平均职工人数是4.3人,为日本的25%,不足德国和美国的30%。中小企业的产值占意大利国内工业总产值的40%左右,其出口总额占比50%左右。目前,意大利国内的产业集群数量大约有200个,集中分布在其中部、北部以及亚得里亚海沿岸,产品主要涵盖劳动密集型的日用品,如食品、纺织、皮鞋、家具等,其同类或相近产业的企业在一定地域上集中分布,形成具有明显特色的传统产业集群。

意大利产业集群的突出特点在于以劳动密集型的产业为主。归纳起来主要体现在以下三点:第一,意大利企业的产品特色鲜明、工艺精湛,产品的外观、品质、功能和种类等方面都有得天独厚的优势,在国际市场上具有很强的市场竞争力。第二,集群内的各类企业通过与上、下游企业进行紧密合作,逐渐形成特有的创新网络,在产业链上与供货方和客户都保持长期稳定的联系。第三,在产业集群内部,各个企业通过资源共享和优势互补,采取集群创新,形成了较高的创新效率。另外,在意大利国内的产业集群形成和发展过程中,相对完善的中小企业投融资体系、专业化的中介服务以及完善的人才职业培训机制等起到了积极的推动作用。

3.2.2 我国产业集群的发展状况

我国产业集群的诞生和发展历史也相对久远,如以景德镇陶瓷产业为代表的产业集群发展至今已有1400多年的时间。但是,现代意义上的产业集群还是在改革开放之后才正式出现。20世纪80年代初,随着我国改革开放政策的实施,东南沿海地区率先对外开放,广东省的广州、深圳、珠海、中山和东莞等地在利用优惠政策的基础上,吸引了大批的先行创业者开始投资创业,经过几年的发展,逐步形成初具规模的专业镇,如中山古镇镇的灯饰集群和东莞虎门镇的服装业集群等。浙江的一些地区在实行农村联产承包责任制的基础上,解放了农村富余劳动力,开始发展家庭手工业,短时期内也形成了一批具有产业集群特征的专业镇,如乐清柳市镇的低压电器集群、温州金乡镇的广告标牌集群、瑞安场桥镇的羊毛衫集群、杭州女装集群和诸暨大唐镇的袜业集群等。同时,在改革开放政策的引导和激励下,一批科研院所和高等院校的科研人员也积极投入市场,利用科研院所和高效的智力资源开始创办高科技企业,也发展出一些高科技产业集群,如北京的中关村信息技术产业集群。这类产业集群依靠地区与生俱来的知识、技术和人力资源优势,充分利用当地特有的相关产业政策,发展势头一日千里。

1. 广东省产业集群的发展概况

改革开放初期,在中央相关政策的指引下,广东省借助自身特殊的区位优势,在吸引外资方面采取比较灵活的政策和措施,率先走出了改革开放的第一步。广东省有效利用各类社会网络,大力吸引港、澳、台的直接投资,积极发展外向型加工制造业,在国家政策的指引下很快成为出口加工和转口贸易的重要基地,同时还注重吸引国内著名企业(如联想集团、北大方正等)建立生产制造基地,逐渐发展成为以加工制造业为特色的产业集群。20世纪90年代之后,广东的产业集群得到了更进一步的发展壮大。深圳作为改革开放的前沿,率先形成了以电子信息和制造业为特色的产业集群。2016年,深圳电子信息和制造业产值突破1.6万亿元,同比增长约7%。在佛山的容桂镇,由生产小家电开始的小作坊式生产加工企业,在短期内发展形成广东最大的电子、电器产品生产基地。东莞也逐步形成了以电子信息为主导产业的产业集群。中山则根据各个城镇的不同条件形成了各具特色的产业集群,如古镇镇主要发展以灯饰为领军产业的产业集群,现已成为国内最大的灯饰生产制造基地和销售市场;小榄镇则以五金制品和音响设备闻名全国。另外,潮阳区的服装及化妆品、云浮的石器石材、茂名的竹编和汕头的玩具等都发展成为各具地域特色的产业集群,最大限度地促进了当地区域经济的快速发展,成为拉动经济增长的新引擎。

从广东省各个地区产业集群的形成与发展过程可以归纳出其产业集群的形成主要有外资拉动型与内源驱动型两种形式。外资拉动型主要指的是产业集群发展势头较为迅猛,经济效益成果显著,但是产品的核心技术依然掌握在外商手中,而本地的企业职工仅仅从事零配件的生产制造和简单装配,无法拥有自主的知识产权与核心技术,同时,外商也不能真正地融合本地的企业员工,集群内部的创新优势并不突出。内源驱动型则建立在低成本的传统劳动密集型产业的基础上,这类集群生产和制造的产品尽管工艺先进、产品门类齐全、物美价廉,但是由于集群从事的是简单重复性的劳动过程,群内企业高素质人才不足、科研力量不够、创新效率低下、市场竞争力不强。

2. 浙江省产业集群的发展概况

浙江省产业集群的形成与发展始于 20 世纪 70 年代,主要是通过民间力量的积累、借助市场机制的运作而逐步形成和发展起来的。产业集群在浙江省的经济发展中作用突出,已成为浙江区域经济的一大特色和重要的经济增长点。近年来,浙江省每年依托产业集群创造的工业总产值都超过了全省工业总产值的一半。其中中小企业和传统产业是浙江省产业集群的主要组成部分,其主要生产和运营模式表现为"专业市场+工厂",并以特色工业园区为主要组织形式。经过改革开放 40 年的有序发展,产业规模日趋壮大,据有关部门统计,截至"十二五"期末,浙江省有 312 个产业集群年销售收入突破 10 亿元,从业人数接近 1000 万人,在全省有三分之一的区县,其产业集群的产值占当地工业总产值的一半以上。

在产业集群的基础上发展区域经济已经演变为浙江省工业经济的主要特点,经过多年的发展,浙江省的一些产业集群已经发展成为全国著名的生产制造基地。例如,乐清柳市镇的低压电器产业集群,其年产量和产品的市场占有率多年来居于全国首位;诸暨大唐镇的袜业产业集群,其产量占全国的三分之二;嵊州的领带集群年产量高达 3 亿多条,产值超过 100 亿元,产量和市场销量占全国的 80%;温州打火机的年产量与市场份额占全球的 70% 等。

从产业构成来看,轻纺和机械等传统产业依然是浙江省产业集群的主体产业,其中民营企业占大半壁江山。这些企业基本上属于劳动密集型企业,产品的技术含量相对较低,企业的自主创新意识不够,产品附加值不高,企业的研发能力不强,研发投入不够充分,因此,浙江省的中小企业产业集群要想达到世界一流水平,还必须在研发投入和自主创新等方面做足功课。

3. 北京中关村产业集群的发展概况

1980 年 10 月,中关村诞生了第一家高技术企业——北京等离子体学会先进技术发展服务部。从此以后,在第一波创业浪潮的推动下,一大批高科技民营企业如雨后春笋般在中关村涌现出来。到了 1984 年,中关村的各类高科技企业达到 40 多家,当年这些企业的营业总额达到 1800 万元。1987 年,中关村的科技型创业企业迅速增加到148家,技工贸收入增长到9亿元。此时,中关村一条街已经发展成为国内规模领先的电子元器件和信息技术市场。1988年,北京市政府在海淀区规划出以中关村为中心的100平方千米区域,着手建立开放型、外向型的高新技术产业开发试验园区。

20世纪90年代,中关村高新技术产业开发园区经历了两次较大规模的调整,形成了"一区五园"的产业格局,同时更名为中关村科技园区。之后的几年,国务院对中关村试验园区进行了一系列调整,到了2012年,形成了"一区十六园"的跨行政区域的高端产业开发功能区。截至2017年底,中关村科技园区规划面积达到488平方千米,由核心区、发展区和辐射区三个功能区组成,园区内高新技术企业超过2万家,技工贸总收入超过2万亿元,每年的技术交易总额占全北京市的40%以上,其中信息产业、技术研发和金融业三大产业的增加值对经济增长的贡献率高达75%以上,全面形成了以园区内高新技术企业为主体、以市场为导向、产学研紧密结合的高技术产业集群示范区,实践了科教与经济相结合的新型创新体制,成为我国科教兴国、推进技术革命的典范。

3.2.3 我国产业集群的特点

我国高科技产业集群的产生和发展过程是伴随着改革开放伟大实践的顺利实施,在广东省、浙江省和北京市等沿海地区和超大城市自发形成的,但三个地区的形成过程却各不相同。广东省主要是依靠外商直接投资发展起来的外向型生产加工产业集群,浙江省主要是依靠本地民营企业家的创新创业精神与本地传统产业相结合而发展起来的特色产品产业集群,北京市中关村则是依托为数众多且相对集中的国家高科技创新资源形成的高科技产业集群。从全国各地典型的产业集群来看,除了中关村电子信息产业集群等少数产业集群以外,其他地区的产业集群大多数是在乡村或小城镇萌芽并发展起来的,主要由非公有制的中小企业所组成。经过改革开放40年发展实践,我国的高科技产业集群在推动地方区域经济增长方面发挥出重要作用,有力地推进了农村工业化、市场化和城镇化的进程。

尽管全国各地的高科技产业集群在推动地区区域经济增长方面发挥了积极作用,但是在产业集群的发展历程中仍有一些问题长期存在。首先,主要表现在全国大多数地区的产业集群规模较小、档次偏低、科技含量不足,其产品还主要集中在与居民日常生活相关的消费品方面,而高科技产业集群数量不多。其次,由企业在一定区域内集聚而形成的产业集群,其外向型经济特征不够明显,集群内企业在产业链中与下游企业的合作关系不够紧密,集聚效应还不够明显。再次,产业集群的一个重要优势在于集群内企业可以利用集群优势进行集群创新,可以在优势互补、资源共享的基础上,在集群内进行企业间的分工合作,充分发挥中小企业机制灵活的优势和企业集群产生的外部规模经济效应,从而推动各个企业快速成长。但是,目前多数企业对集群创新的创新机理和运行过程认识不清,无法有效地利用集群优势开展技术创新活动。因此,对于集群创新的机理和创新过程进行深入研究,是相关政府部门、学术界以及企业界今后面临的一个紧迫问题。

3.3 集群创新的内涵与形成机理

从科技型中小企业的发展过程可以看出,相似或相关产业的一些企业或机构聚集在一些特定的地理区域,它们之间存在着互利共生和资源共享的一种特殊关系,即产业集群现象。这些高技术产业集群具有很强的创新能力,有力地促进了区域经济的发展,并对当地特色产业和新兴高技术产业的培育和发展发挥着关键作用。在产业集群条件下,集群内部的科技型中小企业在专业化分工与协作的基础上,产生大量的技术创新活动,并且企业的集中程度越高,创新效应就越突出。这是因为中小企业本身固有的规模小、风险高以及资源不足等特点,在很大程度上限制了单个企业的技术创新能力,而利用地理位置上的高度集中或靠近,通过集群创新,可以使信息在企业之间的传递变得更加流畅,能够使集群内的企业开展业务合作更加方便,使得一些企业能够共享创新资源,共同承担风险,这在很大程度上降低了单个企业进行技术创新的成本和风险,激发了众多实力较弱的中小企业的创新活力,所以集群创新是提高中小企业技术创新能力的有效途径。

3.3.1 集群创新的内涵与特征

科技型中小企业具有高投入、高风险、高成长、高收益和较强的创新性等特征,因此相对于传统产业来说,科技型中小企业对集群创新的愿望更加强烈,所产生的创新效应更加明显,从集群创新的概念和产生过程可以看出,集群创新有如下特征。

1. 互利共生性

集群中互利共生的双方或多方企业,即便没有经过相互合作而各自独立发展,也可能各自继续生存和发展下去。但是,在世界一体化和经济全球化的背景下,企业若要追求长远发展就离不开创新,企业也不可能脱离其他企业和科研机构孤立地进行创新,因为任何企业所拥有的资源总是有限的,创新是一个非常复杂和交互的过程。对于科技型中小企业来说,单个企业不可能完全依靠自身拥有的知识基础和资源优势,去完成知识的经济化过程,必须与其他相关企业和科研机构相互协作、密切配合,通过资源共享和优势互补来实现这一目标。这样协作的各方都可以在原有的基础上发展得更好,争取到更多的发展机会和更加广阔的发展空间。

2. 协同竞争性

由于集群中的中小企业是以专业化分工与协作为基础的,协作各方形成一个相互作用、彼此依存的群体。各方在创新活动中既有竞争又有协作,在竞争中协作,在协作中竞争,但是总体来说是协作多于竞争,是在协作中存在着竞争。竞争的各方都知道如果没有自觉的协作,单靠自身的力量,那么创新活动可能就无法进行下去。只有通过协作,才能够更加有效地促进集群中的信息、技术、人才和资金等要素的流动,弥补各自的短板,缓和各经济主体之间的矛盾,增强彼此之间的信任,从而推动集群合作创新的不断深化。协作与竞争是对立统一的,正是这一矛盾统一体推动着集群的创新和发展。

3. 资源共享性

创新资源不足往往是影响和困扰众多科技型中小企业进行技术创新活动的关键因素，特别是在资源主导型和技术主导型的产业中，其在企业的各个发展阶段表现得都很明显。如果众多的相关企业和科研院所能够聚集在一起进行集群创新，则可以分享信息、技术、人才、设施和各种网络关系，实现资源共享和优势互补，弥补单个企业创新资源不足的缺憾，从而促进创新活动顺利开展。

4. 地区结网性

集群创新是以产业的关联性为基础，以企业在地理上的相互靠近为特征，以地区的基础设施配套和相关机构的完善程度为支撑条件，以文化融合为连接纽带的本地化区域创新网络。其主要表现在集群中的中小企业、高等院校、科研机构、金融机构、风险投资公司、中介服务机构以及相关政府机构等组织的健全和配套，各机构之间结成的互相依存关系，以及产品生产者、原材料供应商和产品消费者之间结成的无形网络等。

5. 时效显著性

企业的技术创新是一个复杂的综合过程，涉及技术、信息、人员以及各种配套设施等多种要素，单个企业在进行技术创新时，必须统筹企业的各种创新要素并形成合力，才能够使创新活动顺利地开展下去。创新过程具有木桶效应，一旦一个环节或者一种要素不能正常发挥作用，整个创新过程将难以为继或者步履维艰。如果多家企业或者科研机构结成创新共同体进行集群创新，就可以利用同类资源共享和异类资源互补的优势，进一步优化创新资源的合理配置，从而显著地降低创新风险，缩短创新周期，使创新的时效性更加突出。

6. 成本低廉性

产业集群中聚集着许多关联性较高的"同质"企业与科研机构，当集群中有新的技术改良或新产品研制成功时,通过集群内知识的流动、信息的传播和人员的交流,会迅速地在集群内扩散和溢出,其他企业将会通过近距离的模仿和学习,在技术上迅速地缩小差距,节约创新成本。所以,集群创新能够使企业间学习与模仿的成本变得低廉,节约交易费用,在很大程度上避免重复性投资和创新资源的浪费,提高企业的投入产出比,增强企业的创新能力。

3.3.2 集群创新的竞争优势

集群创新是以专业化的分工和协作为基础的同一产业或相关产业的中小企业,通过地理位置上的集中产生创新集聚,以集群为组织形式进行联合技术创新,以期实现集群内部的资源共享,降低单个企业的创新成本和创新风险,从而获得创新优势的一种创新组织形式。借助这种创新组织形式,集群内的中小企业既可以发挥自身的创新活力,又可以弥补单个企业创新资源的不足,所以集群创新是科技型中小企业进行技术创新的一种有效组织模式,其竞争优势非常明显。

1. 创新资源的易获得性

创新资源主要包括创新所需的资金、技术、人才和信息等要素。创新资源不足是制约科技型中小企业开展技术创新活动的关键因素之一。从资金上看,科技型中小企业通过集群创新,可以提高产业集群以及自身的知名度,吸引风险投资者更多地关注企业的发展动态,降低投资者寻求投资对象的信息成本,帮助投资者判断企业的发展前景,从而获得风险投资。从技术上看,通过集群创新,使得众多企业和科研机构结成创新网络,通过网络可以使新技术和新工艺迅速传播,从而使企业能够更为便捷地获得相关技术信息。从人才资源上看,集群创新能够提供更多的创业机会和就业机会,也便于人才在企业之间合理流动,使企业更加方便地获得所需的各类人才,而众多的人才在中小企业集聚区域,也更容易找到具有挑战性和发展前景的工作。所以,集群创新所特有的方式和条件为集群企业获取创新资源提供了一个共享的平台,使得集群企业能够同享信息资源,共同拥有人才市场,帮助企业迅速地获得所需的资源配置并进行有效整合。

2. 知识溢出和技术扩散效应

21世纪是知识经济时代,知识在社会经济发展中的重要性超过了其他任何要素。知识可以分为显性知识和隐性知识,显性知识是指那些比较标准化的、易感知的和易储存的知识;而隐性知识是难以标准化和具体化的,不能以文本的形式固定下来进行传播,只能通过非正式的、面对面的或者口头的形式进行传播。隐性知识的扩散成本相对较高,难以借助市场机制进行自由交换,只能靠非正式的口头交流。技术创新过程中所需的知识大多数都属于隐性知识,依赖于创新个体在创新过程中通过"干中学"来获得,需要企业和科研机构在地缘上的靠近来进行交流,这样集群创新就为隐性知识的传播和扩散提供了交换机制,因为集群内部企业的集聚和靠近使得非正式交流发生频繁,加快了各创新主体对群内知识的获取和共享速度,再加上员工在集群内部的频繁流动,集群创新就为隐性知识溢出和扩散提供了便利。

3. 创新活动的低成本优势

集群创新在降低企业创新活动成本方面主要表现在以下几点:首先,集群创新可以使不同的企业和科研机构之间产生各种正式的和非正式的联系,便于知识的传播和扩散,降低企业搜索和获取信息的成本。其次,由于群内竞争对手的存在,迫使企业自觉地改进自己的生产和服务水平,不断地降低运营成本,在竞争中获得比较成本优势。再次,集群内部的竞争使得区域经济的外部性增强,导致企业整体成本下降,这样就会激励更多的企业出现,随着群内企业数量的增多,聚集效应更加突出,产生良性循环,导致成本进一步下降。企业就能积累更多的资本来不断地进行创新。

4. 集群创新可以降低创新风险

由于科技型中小企业在创新活动中面临着许多不确定性,技术的成果转化和商业化滞后于技术研发,所以企业进行技术创新需要承担很大的技术风险、产品风险与市场风险,而通过集群创新,群内企业通过分工协作,每个企业都可以发挥自己的优势和特长,专注于某一环节的技术创新,这样就可以降低技术风险。另外,对于不可预知的产品风险和市场风险,可以通过集群创新的组织形式来让整个集群承担,这样就能降低单个企业的创新风险,增强企业的创新活力。

5. 集群创新能够更有效地激发企业的创新动力

集群为企业创造了一个良好的竞争环境,集群创新让群内企业通过信息沟通能够更清楚地了解对方。为了争取发展的主动权,群内企业竞争激烈,只有通过持续不断的创新活动才能获取竞争优势,这样就给群内其他企业带来压力,从而激发技术创新比较落后的企业的创新动力。尤其是当一个有竞争力的企业率先创新时,模仿效应就会驱使其他企业尽快地学习和消化吸收,提高自己的技术和工艺水平,改进经营管理,迅速提高自身的创新能力和创新水平,这样群内的企业就比群外的企业拥有更高的创新效率。

6. 中间组织模式的优势

科技型中小企业在体制上存在着高度的灵活性以及面临着激烈的外部竞争环境,其创新意识比较强,对新技术比较敏感,具有较强的学习能力,并且进行技术改造和技术转换的成本较低,市场反应更加迅速,但是缺乏创新资源。相比之下,大型企业拥有比较充足的创新资源,但是缺乏创新活力,如果在一定的条件下,科技型中小企业能够在某一区域内聚集并进行集群创新,那么就可以形成一种规模介于中小企业和大型企业之间的一种集群组织,通过资源的共享和公共设施的使用,既能发挥中小企业所特有的创新灵活性,又可获得大型企业才有的比较充足的创新资源,实现创新活力和创新资源优势的有机结合,进而获得集群外的竞争者无法得到的创新优势。

随着我国"大众创业、万众创新"战略和创新驱动发展战略的不断深入,科技型中小企业在我国经济发展中的地位也日渐突出,科技型中小企业集群创新的优势将更加明显。在高科技企业聚集的区域内,由于创新资源的限制、竞争的压力以及市场需求的推动,促使相关联产业中的中小企业在共同的目标下进行集群创新。为了更好地发挥集群创新的竞争优势,更加有效地提升我国科技型中小企业的国际竞争力,各级政府应该通过相关产业政策的调整和完善以及多种手段来推动产学研合作,为企业搭建合作创新的平台,同时通过政策引领,在高技术产业聚集区内营造有利于企业创新的文化和氛围,培育企业的创新精神和创新动力,不断激励广大科技型中小企业深入开展集群创新活动。

3.3.3 集群创新的网络结构

科技型中小企业集群创新必须和一定区域内的其他企业、大学、科研机构、政府和各种科技中介机构结成一种有机的集群组织,通过资源的共享以及信息的流动,建立起一种相对稳定的、具有创新功能的、正式的或非正式的网络结构,即集群创新网络。这种区域化的创新网络比一般意义上的战略联盟具有更高的稳定性和持久性,在科技型中小企业集群创新网络中,企业、政府、大学和科研院所、科技中介机构、金融机构等各行为主体都以创新为主要目标,以产业链上的合作为主要内容,以在创新活动过程中结成的各种创新主体之间正式的或非正式的关系为支撑,相互连接,相互渗透,通过技术、信息和人力等创新资源的流动和交换,形成一种复杂交错的互动的关系网络。该网络具有互动性、根植性、动态性和开放性等特点。

科技型中小企业创新网络的主要构成要素包括供应商、产业链上的相关企业、大学和科研院所、客户、金融机构和风险投资公司、科技中介机构、当地政府以及各种行业协会等。这些要素构成了集群创新网络的节点,各个要素之间的关系构成了集群创新网络的链条,各要素之间形成一种相互制约、相互依存和相互促进的关系。

3.3.4 集群创新的动力机制

集群创新的动力是与集群创新的竞争优势分不开的,集群创新网络的形成和发展,正是集群创新的竞争优势与外界环境共同作用的结果。科技型中小企业之所以选择集群创新这一有效的组织模式(见图3.3),其主要动力在于以下几个方面。

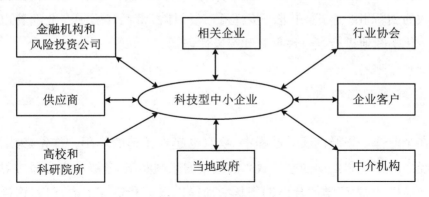

图 3.3 科技型中小企业集群创新网络结构图

1. 集群内的竞争效应

企业集群创新的动力主要来源于市场的竞争,高科技产业集群内企业之间的竞争贯穿于企业发展壮大的全过程,集群中的某一企业如果率先创新,就会打破集群内原先的竞争格局和企业间的利益分配格局,使其他企业先前的创新贬值或完全失去价值,从而失去在市场上的竞争优势,这样其他企业都会意识到一种潜在的压力和挑战,落后企业为了在激烈的竞争中占有一席之地也必须进行创新。同时,由于科技型中小企业自身资源的限制,面对竞争的压力,单个企业难以对技术和市场的变化做出快速反应,这就迫使单个企业必须利用集群创新网络来寻求合作,借助集群的优势进行创新。因此,竞争是集群创新的一种无形的推动力,能够使企业产生紧迫感和危机感。由于集群内竞争的存在,企业时常会感受到一种隐形的压力,迫使它们不断地寻求新的途径来进行技术创新。所以,发生在产业集群内的竞争压力构成了集群创新的直接动力。

2. 市场需求的拉力

市场对集群创新的拉动作用主要来源于它的自组织功能。由于集群内的科技型中小企业的技术关联性程度较高,所以市场对某些产品的需求信息会通过技术链条在产业链的上、下游产业间迅速传递,从而带动相关联产业中的中小企业在共同的目标下进行共同创新。这样,市场需求的不断变化为企业提供了新的机会和创新诱因,市场通过自身的调节作用,使得创新要素合理配置,形成有效的创新组织形式,并进一步降低市场风险,带动和引导企业随着市场需求的变化不断地进行渐进性创新和突破性创新。

3. 政府的推动力

在企业选择集群创新的过程中,政府也起着关键的作用。首先,为了协调区域经济的发展和推动国家科教兴国战略的顺利实施,各级政府会通过对产学研合作的推动,为产学研合作的创新活动提供政策和资金上的支持,这样就会在一定程度上降低创新成本,提高企业集群创新的积极性。其次,政府通过建立创新补偿机制,鼓励企业和研发机构开展基础性研究工作,为企业的研发活动提供共性技术和专项资金,支持整个产业集群的创新活动,这样就进一步加强和保护了集群创新的积极性。再次,政府通过政策引导,借助科技中介服务机构来加强产业集群中的企业与科研机构以及公共机构之间的联系,为他们之间的合作搭建平台,增进企业之间的相互信任,引导集群中的各方主动结成紧密的竞争与合作的网络关系,为集群创新的顺利开展创造条件。

4. 创新文化的激励

文化来源于人类群体中共同的信念和行为,具有持久性和根植性。任何一个产业集群总是属于特定的区域,其诞生和成长不可避免地受到当地传统文化的熏陶和价值观的影响,集群中的每个企业也都会在潜移默化中与当地的社会历史文化相融合,众多的企业就会在特有的氛围中形成具有共同价值观的产业集群。集群中有些隐性知识通过非正式的交流之后,与当地的企业家精神与制度相结合,就会形成一种独特的创新文化,这种创新文化孕育着创新精神和创新动力,其中的企业家精神以及有利于地方创新主体竞争和合作的制度就是集群创新的源泉和根本动力。例如,美国硅谷的冒险和进取精神便是当地特有的创新文化,正是这种文化为无数的创业者带来了成功,也引领着众多的科技型中小企业不断地进行集群创新。

在信息时代,科学技术的发展日新月异,知识和信息的传播是无障碍的,在低成本的运营下瞬间就可实现。在产业集群内部,企业之间或企业和科研院所之间的联系与合作随时都会发生。企业的集群创新活动不只是单一因素的驱动,而是几个因素共同作用的结果。在政府政策引导下,科技中介组织的作用力以及企业与科研院所之间建立的学习与协作机制也是中小企业进行集群创新的重要推动力,这些推动力交互作用就形成了集群创新的动力机制。笔者将该动力机制总结为科技型中小企业集群创新动力机制的"轮式模型",如图3.4所示。

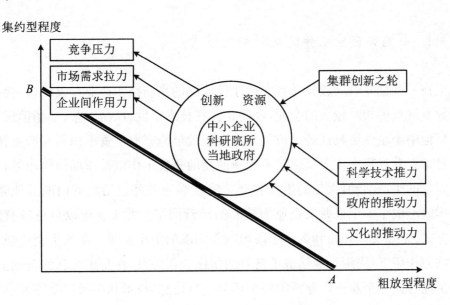

图 3.4　集群创新动力机制的"轮式模型"图

注:从 A→B 为集群创新的轨道。

在图 3.4 中,横轴表示企业经营的粗放型程度,纵轴表示企业经营的集约型程度,由中小企业、科研院所与当地政府所组成的创新之轮在几种拉力和推力的共同作用下,沿着集群创新的轨道,进行着由粗放型经营方式到集约型经营方式的转变。在该过程中,企业不断地提升自己的创新水平和创新能力,各种创新要素也在不断地调整和完善创新机制,在资源共享、优势互补的条件下,科技型中小企业的集群创新活动不断地迈向新的阶段。

3.3.5　集群创新的主要模式

科技型中小企业在产业集群中与其他相关企业、科研院所、政府部门、金融机构、风险投资机构以及科技中介组织结成创新网络,在政府的引导下融入区域的创新环境中并形成创新系统,和区域经济的发展战略相适应,在区域经济的发展过程中发挥着示范和带动作用。由于各个区域的产业政策、经济发展阶段和产业领域的分布各不相同,所以集群创新的模式也有所区别,根据不同的创新主体在技术创新过程中所发挥的作用,可以总结出以下几类集群创新的发展模式。

1. 由龙头企业主导的集群创新模式

在一些创立时间较长并且发展比较成熟的高新技术产业开发区内,会出现少数发展规模相对较大的企业,这些企业在技术研发、产品工艺、市场销售方面比其他中小企业更具优势。该类龙头企业较早地完成了资本积累和产业转型,在日常经营过程中主要负责技术和新产品的研发工作以及市场销售业务,只从事少量的生产活动,大量的生产和制造等低端业务外包给集群内的其他企业,这样就形成了一个以龙头企业为核心的经营网络。龙头企业以自身特有的经营方式、企业文化理念和运营手段影响着周围的中小企业。在龙头企业强大的影响力作用下,周围企业结成了良好的信任合作关系,在互惠互利的基础上,龙头企业与其他企业在产业链的各个环节进行信息、技术和中间产品等大量交易活动,进而形成了以龙头企业为主导的比较稳定的集群创新网络。该网络在技术转移和创新扩散方面相比集群以外的企业具有明显优势,在很大程度上降低了各创新主体的创新风险和市场的不确定性。

2. 产学研合作与互动的集群创新模式

在一些产业化组织程度中等、正处于快速成长期的产业集群里,科技型中小企业面临的主要问题是创新人才的缺乏和创新能力不足。面对这样的困境,企业必须借助产学研合作的创新平台,将区域内有一定科研实力的高等院校与研究机构的人才、技术和实验室资源等创新要素都整合到产业集群中,为集群企业共享。因为高校和科研院所是先进知识和技术的源头,其不仅可以创造新知识,还可以通过教育培训等方式,进一步推进集群中的知识和技术的转移和扩散,通过技术成果转化等方式来促进企业的技术升级。有了高校和科研院所的技术支撑,企业之间的交往与互动也会进一步增强,创新网络将会发挥出更加积极的作用,致使一些渐进性的技术创新在集群内部时有发生。

3. 政府推动型的集群创新模式

在一些成立时间不久,产业集群的功能还未能得到充分发挥的地区,创新网络不够完善,配套设施不够齐全,集群中的企业创新能力明显不足。这个时候,需要地方政府出面为集群内的各个企业创造良好的创新环境,通过搭建技术创新平台,创建公共技术研发中心,支持集群中有共性技术难题的各主体联合攻关,通过行政手段来引导区域内的各个创新主体共同构建具有较强创新能力的技术创新网络,建立健全产业集群与技术创新积极互动的运行机制,为信息和技术在创新网络中的传播和扩散提供保障。

3.3.6 集群创新的一般过程

集群创新是一个连续、动态、循环和累进的演化过程,一般分为交流、选择、实施和总结四个阶段,如图 3.5 所示。

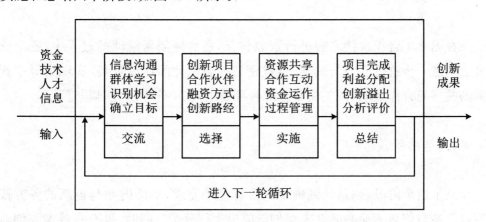

图 3.5 集群创新一般过程的"动态循环累进模型"图

注:线框内表示集群内部,线框外表示集群外部。

1. 交流阶段

在这个阶段,集群内的企业通过各种正式渠道与非正式渠道进行信息的沟通和人员的接触,在频繁的人员交流过程中进行各种类别的群体学习,通过信息的交流和人员的学习,增强集群中的互信,并碰撞出思想的火花,从而识别创新机会,进一步确定创新目标,为创新活动的顺利开展创造条件。

2. 选择阶段

经过第一阶段的交流和学习,首先发现创新机会的企业在创新目标的指引下进行可行性研究,列出各种可行性方案,在对自身拥有的资源以及集群中可利用的资源进行认真筛选后,确立具体的创新项目。然后再根据企业拥有的资源和合作经验等在集群中选择创新伙伴,并在此基础上建立与能力要求相匹配的网络型创新组织。最后再根据特定的创新目标与创新活动的特点来选择融资方式和创新路径。

3. 实施阶段

在确立了合作伙伴之后进行资源整合,在实施创新活动的过程中,各个成员之间进一步进行磨合与沟通,通过密切配合彼此间达成默契,实现集群中资源的共享与合作互动,并关注资金的合理使用,在协作中实施过程管理。

4. 总结阶段

到了这个阶段,创新计划确定的目标已经完成,集群内参与创新的各方按照自己参与创新活动的要素来对创新成果进行分配。同时,没有直接参与创新的企业也会从中得到创新溢出的收益。在分享创新成果之后,创新活动的参与各方也要对整个创新过程进行详细的分析、总结和评价,从中总结成功的经验并查找不足。最后完成了使命的项目组随即解散,在新的机会和目标的指引下,集群创新进入下一轮循环。

第4章 科技型中小企业集群创新的运行机制

科技型中小企业集群创新的一般过程是从集群创新网络节点之间的交流互动开始的。在网络中,由各个创新主体构成的网络节点之间通过正式和非正式的联系与交流,通过企业与企业之间、企业与科研院所之间的沟通与学习,才能发现创新机会,才能了解对方,才能从集群中正确地选择自己的创新合作伙伴,并且能够在合作中正确地给自己定位,在竞争与合作交织的创新过程中不断地提高自身的创新能力,争取自身发展的主动权,进而在合作中进一步增强自身的竞争优势。

本章主要沿着集群创新的过程路线,分析科技型中小企业集群创新网络的学习与交流机制,探讨企业在集群创新过程中合作伙伴的选择问题,介绍应用演化博弈论的分析方法,研究在集群创新过程中协同竞争的机制问题等。

4.1 集群创新网络的学习与交流机制

在集群创新的第一个阶段,各个创新主体组成创新网络,网络学习是普遍存在的,各企业通过各种渠道和关系进行正式和非正式的交流,这个交流过程并不仅仅是为了了解对方,更重要的是通过沟通与交流,彼此之间达成互信,并在交流过程中,建立起一个长效的学习机制。通过有效的学习,各创新主体之间可以实现进一步的融合,在行动上更加一致,更容易实现技术、信息和思想的交换,在资源共享、优势互补的基础上提高整个集群的创新能力,使企业间的群体"干中学"等变得更加方便,为创新活动的顺利开展创造条件。

4.1.1 集群创新网络内部的学习途径

集群创新网络是一个动态的开放系统,其基本功能在于学习和交流,并在学习和交流的过程中进行创新。网络为企业提供了更加广阔的学习平台,集群创新网络内部各主体的学习途径大致可以分为三类:集群内同一价值链上企业间的横向学习,企业与供应商和客户之间的纵向学习,企业与科研院所和中介服务机构之间的互动学习。

1. 同一价值链上企业间的横向学习

企业是创新的主体,集群内大部分的知识与信息流动是通过企业间的技术合作以及相互之间的非正式联系实现的。集群内同一价值链上的企业之间的关系是一种竞争与合作的关系。它们作为同一市场上的竞争对手,技术、产品以及提供的服务大致相同,因此它们之间存在着利益上的利害冲突与竞争关系。同时,它们之间又存在着一种相互依赖的关系,如果大家面对同样一个充满挑战并且非常诱人的创新机会,但是任何单一的企业都不具备足够的实力和资源来独立开展创新活动时,那么为了降低风险,网络学习便成了这些企业的选择。集群内企业可以通过参观本地同行企业,与同行企业开展技术与人员的交流活动,在产品创新、工艺设计和设备引进等方面向竞争对手学习,或者开展面对共性难题的合作研发,从研发中学习。通过交流和学习,加速集群内部的人才和知识流动,同行企业之间可以分享创新成果,各个企业的创新能力都会有所提高,企业之间的合作更加默契,为下一阶段的集群创新的全面合作创造条件。

2. 企业与供应商和客户之间的纵向学习

集群内企业的供应商主要包括原材料供应商、零部件供应商、半成品供应商、设备供应商等。企业与供应商交往频繁,它们之间存在直接的技术知识的交流与学习。企业与本地集群内的供应商之间相互学习与交流,获得所需的创新信息,这是一种技术推动的模式,供应商对企业的学习和创新能力提升的作用主要体现在创新概念形成、新技术的研发和新产品的开发与试制三个阶段。在新技术与新产品开发活动中,企业通过与各类供应商的互动交流,能够引进最新的技术资源和设备资源,从而推动企业的技术创新、产品创新与工艺创新。各类供应商不仅为企业的技术创新和新产品的开发活动提供技术知识支撑,同时还为企业提供物资和设备的及时援助。

由于集群的整体效益会对集群内各相关企业的利益产生直接或间接的影响,所以客户从维护自身的利益出发,会主动为制造企业提供市场需求信息。企业与客户之间的交流与合作是一种市场需求拉动的模式,客户主要为企业提供产品或服务的市场需求信息和对产品的外观设计要求等。企业客户主要有本地的代理商、经销商、组装生产商等,客户对于集群内企业学习创新活动的影响主要体现在两个方面:一是任何企业进行生产经营活动和技术创新都是以满足客户需求作为最终目的,因此企业的创新活动必须坚持以客户为导向,根据客户的需求设计出新的工艺和新的产品。二是客户为了获得符合自身需要的产品或零部件,会有意识地参与到企业新工艺或新产品的开发活动中,通过与生产厂商的直接交流与合作,在有效达成自身对新工艺和新产品要求的同时,也增强了生产企业提高产品质量的意识,促进了企业生产技能和创新能力的提高,因此企业与客户之间的学习也是集群内企业实现创新的一条重要途径。

3. 企业与科研院所、中介服务机构之间的互动学习

在创新网络中,除了企业、供应商和客户之外,还有高校、科研院所以及大量的介于企业与政府之间的中介机构,如科技创业服务中心、技术转移中心、金融机构、风险投资机构和行业协会等。这些机构起到了加强企业之间联系的纽带作用,尤其是在促进中小企业学习创新方面发挥着不可替代的作用。

科技中介服务机构可以为集群企业提供创业服务指导、信息咨询、技术转让和劳动力培训等服务,是集群创新系统内部的知识基础结构和集群学习的纽带,认真完善科技中介机构的服务功能,促进集群内的企业与中介服务机构的交流与合作,对于产业集群的技术学习起着重要作用。高校和科研院所是企业创新的主要知识来源,是从事劳动力培训和进行技术研发活动的机构,对于中心城市的产业集群,可以利用区域内的高等院校和科研院所来为集群提供技术服务、咨询和员工培训服务。对于非中心城市的产业集群,可以聘请或引进高校与科研院所的专家和专业技术人员对企业进行技术指导和服务。对于有一定科研实力的企业,可以与高校和科研院所进行联合科技攻关,或者通过与地方政府、高校、科研机构联合办企业等形式进行长期合作,实现资源共享和优势互补,为集群的知识生产和技术创新准备条件。这些都是行之有效的集群学习机制。

4.1.2 构建集群学习型组织

集群学习型组织是指在集群创新网络组织中,各个组织成员通过不断地扩展自身的学习能力,挖掘新的思考方法,营造良好的学习氛围,建立集群组织在个人、团队、企业以及整个集群组织等不同层次上的学习机制,将学习、创新与组织管理活动相结合,形成用学习和创新带动企业和集群发展的组织结构,并通过学习型组织的建立,在集群环境中产生善于学习和勇于创新的文化氛围。构建集群学习型组织的关键在于加强政府职能管理部门的引导和企业管理部门职能的发挥。企业管理部门的重要作用在于,领导者应在组织内建立起学习行为的榜样和示范效应,创建有利于学习的组织文化,搭建有利于学习的组织

平台，通过组织管理手段来带动广大基层员工的学习热情，激发员工的创造性思维，提高员工的系统思考能力、团队学习能力和凝聚共同愿景的能力，确保知识和学习的有效传播。同时，建立有关学习的考核评估标准和学习制度来引导员工积极投身学习和知识创造，评价员工的学习效果，指引组织学习的发展方向。

4.2 集群创新合作伙伴的选择机制

近年来，随着宏观经济的增长速度由高速转向中高速，我国经济发展进入了新常态，面对经济增长速度持续下行的压力以及供给侧改革的不断深入，我国企业的创新发展也面临着新的机遇和挑战。在"大众创业、万众创新"的时代背景下，作为企业群体中最具创新活力的广大科技型中小企业，在推动国家宏观经济的发展、增加就业、实现国家产业结构的调整和促进科技成果产业化等方面发挥着不可估量的作用。广大的科技型中小企业有着与生俱来的高投入、高风险、高成长和高收益等特点。在企业的发展过程中，单靠自身的资源和优势难以实现短期内的跨越式发展，必须和一定区域内的相关企业、高等院校和科研院所等单位紧密结合，利用集群的优势进行集群创新，进而实现优势互补和资源共享。在当前全球经济一体化环境下，企业之间的合作与竞争为企业共生提供了实现条件和物质基础，同时也将集群内企业的合作关系推向了新的阶段。在集群创新的过程中，中小企业如何充分利用外部资源，选择合适的合作伙伴，对于企业在合作中的竞争能力、保证创新活动的顺利开展具有重要意义。

4.2.1 企业合作伙伴选择的基本条件

集群创新的运作形式主要表现为合作创新，企业进行合作创新的一个关键问题就是关于合作伙伴的选择，选择合作伙伴直接影响企业的创新效果和创新绩效，因此中小企业对合作伙伴的选择需要把握以下几点。

1. 合作者必须具有积极的态度

企业潜在的合作伙伴必须对合作创新持积极的态度,对参与合作的各方必须怀有极大的热情和诚意,对合作的创新项目要有浓厚的兴趣,在创新过程中要保证时间、精力和创新资源方面的投入,这是企业进行合作创新的首要条件,也是合作创新能否顺利开展的前提和基础。

2. 合作者必须具有一定的创新能力

企业潜在的合作伙伴必须具备一定的创新能力,这是合作创新取得成功的前提条件,因为参与合作创新的企业需要从伙伴那里得到某些方面的协助和支撑,创新资源能够得到相互补充。如果其中一方的意愿总是无法得到满足,那么合作也就失去了意义。

3. 合作双方的目标必须相一致

潜在的合作伙伴的创新目标必须与本企业相一致,这样才能保证合作双方在共同目标的指引下朝着同一个方向努力。目标的相互协同有利于组织的稳定,在创新过程中能够减少资源的浪费,促进合作达到预期的效果。

4. 合作双方必须有文化的相容性

在企业选择合作伙伴时,必须充分了解双方在文化上存在的差异以及这些差异的可控性,只有合作双方在文化上彼此认同,才能够在一定程度上降低合作过程中的潜在风险。只有合作双方能够适应对方的文化,互相尊重、求同存异,在合作过程中相互学习和借鉴对方的优点,这样才有助于实现自身文化的提升,双方的合作也会更加顺利。

5. 合作者必须要有诚信

诚信是一个企业立身行事的根本,这在合作过程中尤为重要。如果潜在的合作者只为追求自身利益,不能信守诺言,为了一方的私利而不择手段,那么合作也就失去了必要性。

因此,对合作伙伴的选择是集群创新过程中的重要一环,直接关系创新活动的成败。企业在选择合作伙伴时必须把握好以上几项原则,只有选择了合适的合作伙伴,在合作过程中才能够在彼此间形成默契,发挥出集群创新的优势。

4.2.2 企业合作伙伴的选择

企业能够选择到合适的合作伙伴,是集群创新活动中各创新主体之间的合作竞争进入实质性阶段的基础。对创新合作伙伴的选择是一个复杂的过程,需要考虑多种因素,仅仅用定性的方法对合作伙伴进行评价,则主观性太强,容易造成评价结果不准确。因此,企业应该根据自身的情况和创新网络的特点,采用定性和定量相结合的方法,选择适当的量化模型对潜在合作伙伴的创新能力进行综合评价。

目前常用的综合评价方法有很多,比如层次分析法、数据包络分析法、人工神经网络评价法、灰色综合评价法和模糊综合评价法等,这些评价方法各有所长,适用于不同的背景和条件。由于企业对合作创新伙伴的选择具有不确定性,影响企业选择的很多因素都是模糊的,再加上主观原因,不同的人对于某些影响因素的褒贬不一,所以很难用精确的统计方法来确定这些因素的具体判断值。笔者通过采用层次分析法(AHP)与模糊综合评价法(FCE)相集成的综合评价模型,对潜在的合作伙伴进行综合评价。

1. 评价指标体系的构建

为了科学合理地对潜在合作伙伴进行综合评价,需要在科学性、完整性、有效性和可操作性的原则基础上,建立一套客观而科学的综合评价指标体系。结合企业选择合作伙伴的几个基本条件,并根据模糊综合评价模型的要求,借鉴相关资料,建立如表4.1所示的评价指标体系。

该评价指标体系的目标层是潜在合作伙伴的合作潜力,主准则层大致分为5个方面:现实创新能力、一致性、相容性、互补性和成长性。针对每一个方面,又可以进一步细分为若干项指标,笔者将主准则层的5个大的指标细分为22个具体指标,由这些具体指标构成分准则层。

表 4.1 潜在合作伙伴合作潜力综合评价指标体系结构表

目标层	一级指标	二级指标
潜在合作伙伴的合作潜力	现实创新能力(U_1)	技术创新收入占销售收入比例(u_{11})
		人均利税率(u_{12})
		新产品市场占有率(u_{13})
		技术创新成功率(u_{14})
		获得国家创新基金资助项目数(u_{15})
	一致性(U_2)	目标一致性(u_{21})
		创新效率一致性(u_{22})
		标准化程度一致性(u_{23})
		社会责任一致性(u_{24})
	相容性(U_3)	企业文化(u_{31})
		管理体制(u_{32})
		社会诚信(u_{33})
		创新观念(u_{34})
	互补性(U_4)	技术互补性(u_{41})
		资源互补性(u_{42})
		创新能力互补性(u_{43})
		产品互补性(u_{44})
	成长性(U_5)	研发人员占职工人数比重(u_{51})
		研发投入占销售比重(u_{52})
		产学研合作水平(u_{53})
		自主知识产权数量(u_{54})
		市场竞争力(u_{55})

2. 合作潜力的模糊综合评价模型

对于潜在合作伙伴合作潜力的评价,笔者设计的评价指标体系为一个三层体系,根据模糊评价理论,现将分准则层对主准则层的评判当作第一级评判,将主准则层对目标层的评判当作第二级评判,由此构建二级三层模糊综合评价模型。具体操作步骤如下:

第一步:首先将 n 个具体二级指标构成集合: $U=\{U_1,U_2,\cdots,U_n\}$,并称之为因素集(本书中 $n=22$),然后再将 n 个因素按其属性分作 m 个子集(本书中 $m=5$),满足条件:

$$U_i = \{u_{i1}, u_{i2}, \cdots, u_{in_i}\}, \quad i=1,2,\cdots,m \quad (4.1)$$

其中,

$$\sum_{i=1}^{m} n_i = n, n=22; \quad \bigcup_{i=1}^{m} U_i = U;$$

$$U_i \bigcap U_j = \varphi, \quad i,j=1,2,\cdots,5 \text{ 且 } i \neq j$$

第二步:对第一级指标进行评判,将因素集 U 的每一个子集 U_i 分别进行综合评判。

$V=(V_1,V_2,\cdots,V_l)$ 记为评语集,l 为评语的数目,U_i 中各个指标因素的权数记作

$$A = (a_{i1}, a_{i2}, \cdots, a_{in_i})$$

其中,

$$\sum_{t=1}^{n_i} a_{it} = 1, \quad t=1,2,\cdots,n_i \quad (4.2)$$

由此可得到 U_i 的综合评判向量

$$V_k \boldsymbol{B}_i = A_i \boldsymbol{R}_i, \quad i=1,2,\cdots,m \quad (4.3)$$

本部分的中心工作在于模糊评价矩阵 $\boldsymbol{R}_i$ 的确定,可以做一个从因素集 U_i 到评语集 V 的一个模糊映射,如表 4.2 所示。其中 r_{ijk} 表示对某一评价对象作评价时,从因素集 U_i 中的第 j 个具体指标从属于第 k 种评语的模糊集的隶属度(其中 $i=1,2,\cdots,m; j=1,2,\cdots,n_i; k=1,2,\cdots,l$)。

表 4.2　因素集 U_i 中的各项指标对应于 V 中各评语的隶属度

评语集 V / 子因素集 U_i	V_1	……	V_k	……	V_l
u_{i1}	r_{i11}	……	r_{i1k}	……	r_{i1l}
……	……		……		……
u_{ij}	r_{ij1}	……	r_{ijk}	……	r_{ijl}
……	……		……		……
u_{in_i}	r_{in_i1}	……	r_{in_ik}	……	r_{in_il}

这样便可得到模糊评价矩阵 $\boldsymbol{R}_i$

$$\boldsymbol{R}_i = \begin{bmatrix} r_{i11} & \cdots & r_{i1k} & \cdots & r_{i1l} \\ \vdots & \vdots & \vdots & \vdots & \vdots \\ r_{ij1} & \cdots & r_{ijk} & \cdots & r_{ijl} \\ \vdots & \vdots & \vdots & \vdots & \vdots \\ r_{in_i1} & \cdots & r_{in_ik} & \cdots & r_{in_il} \end{bmatrix}$$

然后，继续计算

$$\boldsymbol{B}_i = A_i \cdot \boldsymbol{R}_i, \quad i = 1, 2, \cdots, m \tag{4.4}$$

第三步：开始对主准则层进行评判。此时，再将每一个 $U_i (i=1,2,\cdots,m)$ 看作一个因素，记作

$$C = \{U_1, U_2, \cdots, U_m\} \tag{4.5}$$

此时，C 是一个因素集，它的模糊评价矩阵记作 $\boldsymbol{R}$，则

$$\boldsymbol{R} = \begin{bmatrix} \boldsymbol{B}_1 \\ \boldsymbol{B}_2 \\ \vdots \\ \boldsymbol{B}_m \end{bmatrix} = \begin{bmatrix} b_{11} & b_{12} & \cdots & b_{1l} \\ b_{21} & b_{22} & \cdots & b_{2l} \\ \vdots & \vdots & \vdots & \vdots \\ b_{m1} & b_{m2} & \cdots & b_{ml} \end{bmatrix}$$

对于每一个 $U_i(i=1,2,\cdots,m)$，作为 U 的评价指标，根据其重要性，设计出其权重系数 $A=(a_1,a_2,\cdots,a_m)$，即可求出相对于主准则层的二级评判向量

$$\boldsymbol{B} = A \cdot \boldsymbol{R} = (b_1, b_2, \cdots, b_m) \tag{4.6}$$

记作 $B_k = \max\{b_1, b_2, \cdots, b_m\}$，即可得出对主准则层的模糊判断结果为 V_k。

3. 在评判的过程中指标权重系数的确定

评价指标权重代表各项指标在评价指标集合中所占的比重,在评价的应用过程中具有重要的导向作用。在设定的指标体系下,指标权重的设置和改变将直接影响评价的结果。在多指标评价体系中,由于各指标所代表的因素发展的不平衡性,导致各项指标的重要程度有所不同,为了能够区分不同的指标在评价过程中对结果的影响程度,需要事先对指标体系进行加权处理。在实际应用中加权处理方法较多,有定性和定量等多种方法,如德尔菲法、功效系数法、层次分析法、寻踪投影法和变异权重法等。笔者采取定性和定量相结合的方法——层次分析法来解决评价指标的权重问题,具体步骤如下。

(1) 构造两两比较判断矩阵

构造的两两比较判断矩阵在形式上是一个正互反矩阵,为了决定在指标体系中某层指标对上层指标的重要程度,首先需要行业专家对该层指标的重要程度进行两两比较,比较之后的结果就构成了判断矩阵。为了对两个项目指标的重要程度比较结果进行量化处理,笔者采取经典的 1-9 标度法进行表示,其数值的含义见表 4.3。

表 4.3　1-9 标度法的数值含义表

含义	x_i 与 x_j 同样重要	x_i 比 x_j 稍重要	x_i 比 x_j 重要	x_i 比 x_j 强重要	x_i 比 x_j 极重要
a_{ij} 取值	1	3	5	7	9
		2	4	6	8

在 1-9 标度法构造的判断矩阵中,各元素的数值主要反映专家组对各因素的相对重要程度做出的主观认识与比较。

(2) 计算单一准则下元素的相对权重

在 1-9 标度法的基础上,根据特定的判断准则 C 构造出的两两比较判断矩阵 A 之后,计算出此判断矩阵的最大特征根,同时得出最大特征根对应的特征向量,然后将该特征向量进行归一化处理,归一化后的向量就可表示本层各项指标对上层某指标相对重要程度的权重向量,记作

$$\boldsymbol{\omega} = (\omega_1, \omega_2, \cdots, \omega_n)^{\mathrm{T}}$$

在模糊综合评价的应用方面,计算出对于每个上层元素的权重向量之后,再经过一致性检验,即可与模糊综合评价相结合来对合作伙伴进行评价。

对于合作伙伴的各项评价指标值,如果都要采取精确数值表示,就需要层层累进,计算出每项指标相对于总体目标的合成排序权重,对各层元素的局部权重再进行进一步的合成,具体过程如下:

将计算出的第 $k-1$ 层 n_{k-1} 个元素相对于总体目标的排序权重向量记作

$$\boldsymbol{\omega}^{(k-1)} = (\omega_1^{(k-1)}, \omega_2^{(k-1)}, \cdots, \omega_{n_{k-1}}^{(k-1)})^{\mathrm{T}} \tag{4.7}$$

第 k 层的 n_k 个元素相对于第 $k-1$ 层第 j 个元素的排序向量记作

$$\boldsymbol{p}_j^{(k)} = (p_{1j}^{(k)}, p_{2j}^{(k)}, \cdots, p_{nj}^{(k)})^{\mathrm{T}}$$

令 $\boldsymbol{p}^{(k)} = (\boldsymbol{p}_1^{(k)}, \boldsymbol{p}_2^{(k)}, \cdots, \boldsymbol{p}_{n_{k-1}}^{(k)})$,则 $\boldsymbol{P}^{(k)}$ 为 $n_k \times n_{k-1}$ 阶矩阵,表示第 k 层元素相对于第 $k-1$ 层各元素的重要性排序,则第 k 层元素相对于总目标的综合合成向量 $\boldsymbol{\omega}^{(k)}$ 可以表示为

$$\boldsymbol{\omega}^{(k)} = (\omega_1^{(k)}, \omega_2^{(k)}, \cdots, \omega_{n_i}^{(k)})^{\mathrm{T}} = \boldsymbol{p}^{(k)} \boldsymbol{\omega}^{(k-1)} \tag{4.8}$$

或

$$\omega_i^{(k)} = \sum_{j=1}^{n_{k-1}} p_{ij}^{(k)} \omega_j^{(k-1)}, \quad i = 1, 2, \cdots, n \tag{4.9}$$

且

$$\boldsymbol{\omega}^{(k)} = \boldsymbol{p}^{(k)} \boldsymbol{p}^{(k-1)} \cdots \boldsymbol{p}^{(3)} \boldsymbol{\omega}^{(2)}$$

此处 $\boldsymbol{\omega}^{(2)}$ 表示第二层元素对总体目标的排序向量。

(3) 两两比较矩阵一致性检验

在理想状态下,如果在指标的比较过程中,能够满足前后比较的一致性要求,判断矩阵只能计算出一个特征根,也是其最大特征根 $\lambda_{\max} = n$,其余的特征根均为 0,则表明两两比较判断矩阵能够满足矩阵的正互反性质及一致性要求。但是,由于专家在对指标进行两两比较判断时,难以保证比较方法的前后一致性,若一致性不能够完全满足,则其最大特征根 $\lambda_{\max}$ 将不一定等于 n。此时,若矩阵无明显违背指标重要性的传递规律,则仍可采用 $\lambda_{\max}$ 及其相应的 $\boldsymbol{\omega}$ 来表示权重向量,但要求判断矩阵的一致性不可超过一定的限度,该一致性称为满意一致性,要达到此项要求,还需做矩阵的一致性检验。

① 首先,计算判断矩阵的最大特征值 $\lambda_{\max}$,同时对其特征向量进行归一化处理,得到向量 $\boldsymbol{\omega}$。

② 然后,计算一致性指标(Consistency Index)。

$$C.I. = \frac{\lambda_{\max} - n}{n-1} R.I.$$

③ 对比一致性指标数值。由于随机性导致了一致性偏差,因此需要查验如表 4.4 所示的相应 n 的平均随机一致性指标 $R.I.$(Rondom Index)。

表 4.4　随机一致性指标数值表

矩阵阶数	3	4	5	6	7	8	9	10	11	12	13
$R.I.$	0.58	0.90	1.12	1.24	1.32	1.41	1.45	1.49	1.51	1.54	1.56

表 4.4 中的数据显示,随着矩阵阶数的增大,一致性随机偏差的可能性也会增大,因此在检验判断矩阵的满意一致性时,需将计算出的一致性指标 $C.I.$ 和平均随机一致性指标 $R.I.$ 进行比较,从而计算出对应一致性比率 $C.R.$(Consistency Rate)。

④ 进行判断:若 $C.R.<0.1$,即可认为判断矩阵的一致性可以接受,则具有满意一致性;若 $C.R.>0.1$,可以认为判断矩阵不满足满意一致性,则需要重新修正判断矩阵,从而确保一定程度上的满意一致性。

4. 模糊综合评价法的应用

根据笔者设计的对合作伙伴合作潜力的评价指标体系,利用模糊综合评价方法,对某一潜在的合作伙伴进行评价。本部分的重心在于模糊综合评价方法的应用,考虑到层次分析法已经非常成熟,在此省略其各项指标的权重向量计算方法。

第一步:计算出相应的权重向量。

总目标的 5 个一级指标的权重向量为
$$\boldsymbol{\omega} = (0.25, 0.20, 0.15, 0.25, 0.15)$$
现实创新能力的 5 个二级指标的权重向量为
$$\boldsymbol{\omega}_1 = (0.20, 0.20, 0.15, 0.25, 0.20)$$
一致性的 4 个二级指标的权重向量为
$$\boldsymbol{\omega}_2 = (0.30, 0.25, 0.20, 0.25)$$
相容性的 4 个二级指标的权重向量为
$$\boldsymbol{\omega}_3 = (0.25, 0.20, 0.35, 0.20)$$
互补性的 4 个二级指标的权重向量为
$$\boldsymbol{\omega}_4 = (0.35, 0.20, 0.30, 0.15)$$

成长性的 5 个二级指标的权重向量为

$$\boldsymbol{\omega}_5 = (0.30, 0.20, 0.15, 0.15, 0.20)$$

第二步：确定评语集。

$$V = (V_1, V_2, V_3, V_4, V_5) = (很好, 较好, 一般, 较差, 很差)$$

第三步：邀请专家按照上述评语集对 $U_1 \sim U_5$ 中各项具体指标进行评价，本研究邀请了 20 位专家进行评价，根据专家的意见，将给出每项评语的专家人数占总专家人数的比重记作该项评语的得分，由此得到模糊评判矩阵为

$$\boldsymbol{R}_1 = \begin{bmatrix} 0.25 & 0.20 & 0.25 & 0.15 & 0.15 \\ 0.30 & 0.20 & 0.15 & 0.25 & 0.10 \\ 0.20 & 0.25 & 0.20 & 0.25 & 0.10 \\ 0.35 & 0.25 & 0.20 & 0.15 & 0.05 \\ 0.15 & 0.25 & 0.20 & 0.30 & 0.10 \end{bmatrix}$$

$$\boldsymbol{R}_2 = \begin{bmatrix} 0.15 & 0.20 & 0.20 & 0.35 & 0.10 \\ 0.20 & 0.15 & 0.15 & 0.25 & 0.25 \\ 0.15 & 0.25 & 0.30 & 0.25 & 0.05 \\ 0.10 & 0.20 & 0.35 & 0.25 & 0.10 \end{bmatrix}$$

$$\boldsymbol{R}_3 = \begin{bmatrix} 0.10 & 0.15 & 0.20 & 0.25 & 0.30 \\ 0.25 & 0.10 & 0.20 & 0.15 & 0.30 \\ 0.20 & 0.15 & 0.20 & 0.25 & 0.20 \\ 0.15 & 0.15 & 0.30 & 0.25 & 0.15 \end{bmatrix}$$

$$\boldsymbol{R}_4 = \begin{bmatrix} 0.15 & 0.25 & 0.10 & 0.35 & 0.15 \\ 0.20 & 0.20 & 0.25 & 0.20 & 0.15 \\ 0.20 & 0.25 & 0.10 & 0.20 & 0.25 \\ 0.25 & 0.10 & 0.35 & 0.25 & 0.05 \end{bmatrix}$$

$$\boldsymbol{R}_5 = \begin{bmatrix} 0.25 & 0.15 & 0.30 & 0.10 & 0.20 \\ 0.20 & 0.25 & 0.15 & 0.15 & 0.25 \\ 0.15 & 0.20 & 0.35 & 0.15 & 0.15 \\ 0.20 & 0.15 & 0.10 & 0.35 & 0.20 \\ 0.25 & 0.15 & 0.10 & 0.25 & 0.25 \end{bmatrix}$$

第四步：根据以上专家评出的矩阵进行综合，得到

$$\boldsymbol{B}_1 = \boldsymbol{\omega}_1 \cdot \boldsymbol{R}_1 = (0.2575, 0.2300, 0.2000, 0.2150, 0.0975)$$

$$B_2 = \omega_2 \cdot R_2 = (0.1500, 0.1975, 0.2450, 0.2425, 0.1275)$$
$$B_3 = \omega_3 \cdot R_3 = (0.1750, 0.1400, 0.2200, 0.2300, 0.2350)$$
$$B_4 = \omega_4 \cdot R_4 = (0.1525, 0.2050, 0.1675, 0.2700, 0.1650)$$
$$B_5 = \omega_5 \cdot R_5 = (0.2175, 0.1775, 0.2075, 0.1850, 0.2125)$$

于是便可以得到主准则层的模糊评价矩阵

$$R = \begin{bmatrix} B_1 \\ B_2 \\ B_3 \\ B_4 \\ B_5 \end{bmatrix} = \begin{bmatrix} 0.2575 & 0.2300 & 0.2000 & 0.2150 & 0.0975 \\ 0.1500 & 0.1975 & 0.2450 & 0.2425 & 0.1275 \\ 0.1750 & 0.1400 & 0.2200 & 0.2300 & 0.2350 \\ 0.1525 & 0.2050 & 0.1675 & 0.2700 & 0.1650 \\ 0.2175 & 0.1775 & 0.2075 & 0.1850 & 0.2125 \end{bmatrix}$$

所以,$B = \omega R = (0.191375, 0.184375, 0.195, 0.23155, 0.15825)$,

$$B_k = \max\{b_1, b_2, \cdots, b_m\} = \max\{0.191375, 0.184375, 0.195, 0.23155, 0.15825\}$$
$$= 0.23155 = B_4$$

所以,评价结果对评语 V_4 的隶属度最大,即可以认为该潜在合作伙伴创新潜力较差。

模糊综合评价方法是在不确定条件下,将定性问题通过定量化的方法,整合群体意见从而为评价对象定性的一种有效方法。在运用该方法进行评价时,首先,必须在全面、客观、有效和可操作性的原则基础上设计评价指标体系,各项指标所代表的内容应清晰、明确,不会产生歧义。其次,需要对专家进行严格筛选,邀请比较内行的专家来进行定性判断,从而保证各专家在全面、真实了解评价对象的基础上,对评价对象作出符合客观实际的评语。再次,在使用模糊综合评价模型时必须考虑到该方法存在的弊端,即只考虑主要因素的影响而忽略其他影响因素,就无法对评价对象下一个全面性的评价结果。为了进一步给评价对象下一个全面的结论,根据实际问题的需要可以结合别的方法来综合评价,比如用加权平均法、均衡平均法等对模型进行改进。最后,如果最终的评价结果中 $B = \{b_1, b_2, \cdots, b_m\}$ 出现有 q 个相等的最大数时,可进行移位运算:先将几个最大数组成一个新的向量,记作

$$B^* = \{b_1^*, b_2^*, \cdots, b_q^*\}, \text{其中} b_i^* \in \{b_1, b_2, \cdots, b_m\}, i = 1, 2, \cdots, q$$

对于 $B^* = \{b_1^*, b_2^*, \cdots, b_q^*\}$ 中任意一个 b_j^*,找到其在 $b_i^* \in \{b_1, b_2, \cdots, b_m\}$ 中对应的 b_k,计算 $\sum_{i=1}^{k-1} b_i$ 和 $\sum_{i=k+1}^{m} b_i$,再对两者进行比较,如果 $\sum_{i=1}^{k-1} b_i \geqslant \frac{1}{2} \sum_{i=1}^{m} b_i$,则取 b_{j-1}

所属等级为评估对象下评语；如果 $\sum_{i=k+1}^{m} b_i \geqslant \frac{1}{2}\sum_{i=1}^{m} b_i$，则取 b_{j+1} 所属等级为评估对象并下评语。

4.3 集群创新运行过程中协同竞争的演化博弈分析

随着社会经济发展环境的日趋复杂，人们深刻地意识到，协同和竞争这对矛盾统一体发生在经济生活中的每个角落，成为当代经济发展的鲜明特征之一。协同是指不同的事物、系统或要素之间在联系和发展过程中相互协作、相互配合的一种关系。竞争是指两个或两个以上的事物或系统为了各自的目的和利益相互对立、相互排斥的关系。协同竞争是指协同与竞争这对矛盾的统一体在一定条件下相互引导、相互促进和相互依赖的运动发展过程，竞争可以导致协同，协同又可引发竞争。协同和竞争的对立统一是社会经济向前发展的动力，是知识经济时代企业群体竞争观念的创新。

企业的集群创新过程也是一个协同创新的过程，竞争为创新提供动力，协作为创新提供有效的组织形式。在企业的发展过程中，创新能够使企业拥有竞争优势。由于技术创新的高投入和高风险性，所以单个企业不具备充足的资源与实力来进行创新活动，如果能够同其他企业和机构共同合作进行集群创新，那么既可以弥补资源和实力上的不足，又可以分散风险，实现资源共享、优势互补。为了达到自身利益的最大化，企业在创新过程中，除了彼此之间的竞争，还必须有相应的协作，所以协同与竞争伴随着集群创新的全过程。为了揭示企业在集群创新过程中的协同竞争过程和演化机理，笔者使用演化博弈分析的方法，分析企业进行合作创新的时机和条件，探求影响企业之间进行合作的因素，论证在高科技产业集群的发展过程中集群创新的合理性和必然性。

4.3.1 演化博弈的基本思想

演化博弈论（Evolutionary Game Theory）又称进化博弈论，起源于达尔文的生物进化论,是20世纪60年代在揭示生态现象时产生的理论方法,是博弈理论的新发展。演化博弈论与传统博弈论的研究对象不同,传统的博弈论是以参与者的完全理性为基础的,假设参与者具有使自己支付最大化的主观意识和应对对手策略的最优反应能力,然而这个严格的假设在现实中是不可能完全成立的。而在演化博弈论中,并不要求参与者有完全理性,它强调参与者的选择行为可以依据前人的经验,学习和模仿他人的行为,在博弈的过程中学习博弈,也就是将博弈看作是一个不断演化的过程。演化博弈把具有主观选择行为的参与者,从人类扩展到了包括动物、植物和组织等在内的有机体。1973年,英国生物学家John Maynard Smith和Price在研究生态进化现象的时候,结合生物进化理论和传统博弈理论提出了演化博弈理论的基本均衡概念——进化稳定策略(Evolutionary Stable Strategy,ESS),这标志着演化博弈理论的诞生。1978年,生物学家Taylor和Jonker提出了进化博弈理论的基本动态概念——模仿者动态(Replicator Dynamics),使得演化博弈的方法和理论更加完整。20世纪80年代以后,演化博弈论逐步发展成为演化经济学的一个重要手段,逐渐地被广泛应用到社会经济学等领域。

1. 演化稳定策略

根据生物进化理论,在生物进化过程中,不同的种群在争夺同一种生存资源时,最终结果总是那些具有较强适应性的种群能够存活下来,其他的则容易被淘汰,这就是自然界的优胜劣汰规律。所以在演化博弈论的研究过程中,必须考虑两个生物学基本概念,一个是选择,另一个是突变。选择指的是本期博弈中比较好的策略在下个周期的博弈中就能被更多的参与者使用。突变指的是随机地选择策略,由于参与者都有学习的能力,所以突变发生的概率很小,即便发生了突变,经过选择之后,较好的策略才能生存下来,较差的策略必遭淘汰。该过程就类似于生物界的适应性,随着周期性的演化而不断地改进。

演化稳定策略正是从这层意义出发,其主要思想为:如果一个群体的行为能够消除其他较小的突变群体,那么这种行为模式就能够获得比突变群体更高的支付,随着时间的演变,突变者群体最终将会从原群体中消失,原群体选择的策略就是演化稳定策略。系统选择演化稳定策略时所处的状态称为演化稳定状态,此时的均衡称为演化稳定均衡。

如果用数学符号表达,则可以设一个大群体的反应策略为 x,突变策略为 y,设 $u(x,x)$ 为效用函数,表示当大群体选择策略 x 时,选择策略 x 的一方所得到的期望支付,$u(x,y)$ 表示当大群体选择策略 x 时,选择策略 y 的一方所得到的期望支付。

若对于任何的策略 $y(y\neq x)$,都存在某个 m_0,使得对于任意的 $m\in(0,m_0)$,不等式 $u[x,my+(1-m)x]\geqslant u[y,my+(1-m)x]$ 恒成立,则称 $x\in\Delta$ 是一个演化稳定策略。其中,y 为突变策略,Δ 为个体博弈时的支付矩阵。m_0 是一个与突变策略有关的常数,称作侵入边界。$my+(1-m)x$ 表示选择演化稳定策略的群体与选择突变策略的群体所组成的混合群体。

2. 复制动态过程

博弈的演化过程是参与群体行为的调整过程,一般的演化过程包含两个演化机制:选择机制和突变机制。选择机制表示本周期内若能获得较高支付,则在下个周期内该策略就能够被更多的参与者选择。突变是参与者以随机的方式来选择策略,这种选择只有在获得较高支付的条件下才能够生存下来,并且突变发生的概率很小。在具有一定规模的博弈群体中,博弈方的活动是反复进行的,由于有限理性和不完全信息的特点,博弈方会按照"试探、学习、适应、成长"的行为路线,经过多次重复博弈后方能找到稳定均衡点,这就是一个复制动态过程。复制动态的核心思想是如果一种策略的支付比群体中的平均支付高,那么这种策略就会被群体中越来越多的参与者所采用。反之,该策略则会被群体中越来越少的参与者所采用。此过程可用动态微分方程表示为

$$\frac{\mathrm{d}x_i}{\mathrm{d}t}=[u(s_i,x)-u(x,x)]x_i$$

式中,$u(s_i,x)$ 表示群体中的个体进行随机匹配时,其中选择纯策略 s_i 的个体所得到的期望支付;$u(x,x)=\sum x_i u(s_i,x)$ 表示群体平均得到的期望支付;x_i 表示选择纯策略 s_i 的个体数;t 表示时间;$\frac{\mathrm{d}x_i}{\mathrm{d}t}$ 表示 x_i 对时间 t 的导数。

以上方程表示:选择纯策略 s_i 的个体所得到的支付如果多于群体的平均支付,则选择纯策略 s_i 的个体数增长率为正数,即个体经过学习之后,选择策略 s_i 的个体越来越多;选择纯策略 s_i 的个体所得到的支付如果少于群体的平均支

付,则选择纯策略 s_i 的个体数增长率为负数,即选择策略 s_i 的个体越来越少;如果选择纯策略 s_i 的个体所得到的支付等于群体的平均支付,则个体增长率为零,趋于稳定。

4.3.2 集群创新中协同竞争进化博弈模型

在集群创新网络中,各个成员之间存在着比较广泛而又复杂的联系,它们之间的合作与协同关系可能发生在两个企业之间,也可能发生在多个企业之间,还可能发生在两个或多个企业与科研院所之间,为了方便揭示集群创新过程中的演化机理,笔者对于参与合作的创新主体的属性不再加以区别,统一称作参与博弈的成员。

在创新活动中,各个成员的竞争与协作并不是一次性的行为,而是一个动态的不断发展的连续过程,在博弈过程中各个成员还有可能根据条件的变化而适时地做出策略的调整,因此集群创新的动态博弈具有以下特点:

(1) 博弈双方行为的不确定性。集群内的企业和科研院所都是相对独立的经济实体,成员之间的行为主要是针对价值创造展开的,以一定时间内的收益最大化为目标,所以在创新过程中可能采取合作的行为,也可能采取背叛的行为,所以在整体上表现出成员行为的不确定性。

(2) 成员行为的有限理性。作为合作创新的参与者,各个成员尽管有一定程度的理性分析和事后判断能力,但是缺乏事先的预测能力,这就意味着当一个成员采取某种决策所得的收益较差时,它会通过学习和模仿来改进策略,并且随着时间的变化,其策略也会逐渐调整,最终趋于平衡。

(3) 博弈的动态性。成员之间的行为在博弈过程中不是保持不变的,而是根据对方的行为策略和所处的状态不断地调整自己的行为,在博弈中体现了一个学习的过程。

(4) 博弈的反复性。成员之间的博弈行为并不是一次性发生的,而是在博弈过程中多次地重复进行,相互之间都可以掌握对方过去的策略和行为,并且博弈行为不会改变其博弈的结构,系统状态是内部利益相关者重复博弈的均衡结果。

(5) 博弈的非零和性。各个成员之间的竞争和协同并不是零和博弈,博弈的结果可能出现双赢或共赢的局面。

在集群创新过程中的合作,可以是两个创新参与主体之间的合作,也可以是多个创新参与主体之间的合作,为了深入分析和揭示竞争与合作过程中的机理和运行机制,笔者应用演化博弈的分析方法,主要对两个合作成员之间的博弈过程进行分析。

不失一般性,首先假定在集群中有两个创新主体进行博弈,分别称作成员 A 和成员 B,博弈双方采取的策略可能是合作行为,有时为了自身的利益也可能会发生背叛行为。现在将成员 A 所采取的合作和背叛行为分别记作策略 A_1 和策略 A_2,将成员 B 所采取合作和背叛行为分别记作策略 B_1 和策略 B_2。成员 A 选择合作行为的策略 A_1 的概率记作 x,选择背叛行为的策略 A_2 的概率记作 $(1-x)$,其中 $x\in[0,1]$;成员 B 选择合作行为的策略 B_1 的概率记作 y,选择背叛行为的策略 B_2 的概率记作 $(1-y)$,其中 $y\in[0,1]$。当博弈双方均选择合作行为的策略时,将成员 A 的收益记作 a_1,将成员 B 的收益记作 b_1;当成员 A 选择合作行为的策略 A_1 而成员 B 选择背叛行为的策略 B_2 时,将成员 A 的收益记作 a_2,将成员 B 的收益记作 b_3;当成员 A 选择背叛行为的策略 A_2 而成员 B 选择合作行为的策略 B_1 时,将成员 A 的收益记作 a_3,将成员 B 的收益记作 b_2;当博弈双方均选择背叛行为策略时,将成员 A 的收益记作 a_4,将成员 B 的收益记作 b_4。除了收益之外,两个创新主体在创新过程中还伴随有成本发生,所以将成员 A 选择合作行为的策略 A_1 时发生的成本记作 c_1,选择背叛行为的策略 A_2 时发生的成本记作 c_2;将成员 B 选择合作行为的策略 B_1 时发生的成本记作 c_3,选择背叛行为的策略 B_2 时发生的成本记作 c_4。此处涉及的成本不仅仅体现在物质和金钱上,同时还包括企业的声誉和其他无形资产等因素。

在设定了博弈双方的收益和成本之后,在此基础上就可以建立一个 2×2 的不对称性的支付矩阵,如表4.5所示。

表4.5 成员 A 和 B 的演化博弈支付矩阵

	B_1(合作,概率为 y)	B_2(背叛,概率为 $1-y$)
A_1(合作,概率为 x)	a_1-c_1, b_1-c_3	a_2-c_1, b_3-c_4
A_2(背叛,概率为 $1-x$)	a_3-c_2, b_2-c_3	a_4-c_2, b_4-c_4

(1) 由表4.5可得,若成员 A 选择 A_1(合作)策略,则其期望收益为

$$U(A_1) = y(a_1-c_1)+(1-y)(a_2-c_1) \tag{4.10}$$

(2) 若成员 A 选择 A_2（背叛）策略，则其期望收益为
$$U(A_2) = y(a_3 - c_2) + (1-y)(a_4 - c_2) \qquad (4.11)$$

(3) 则成员 A 的平均期望为
$$\begin{aligned}\overline{U}(A) &= xU(A_1) + (1-x)U(A_2) \\ &= x[y(a_1-c_1)+(1-y)(a_2-c_1)]+(1-x)[y(a_3-c_2) \\ &\quad +(1-y)(a_4-c_2)] \\ &= (a_2-a_4-c_1+c_2)x+(a_3-a_4)y+(a_1-a_2-a_3+a_4)xy \\ &\quad +(a_4-c_2)\end{aligned} \qquad (4.12)$$

则其复制动态方程为
$$\begin{aligned}\frac{\mathrm{d}x}{\mathrm{d}t} &= x(U(A_1)-\overline{U}(A)) \\ &= x(1-x)[y(a_1-a_2-a_3+a_4)-(a_4-a_2+c_1-c_2)]\end{aligned} \qquad (4.13)$$

(4) 若成员 B 选择 B_1（合作）策略，则其期望收益为
$$U(B_1) = x(b_1 - c_3) + (1-x)(b_2 - c_3) \qquad (4.14)$$

(5) 若成员 B 选择 B_2（背叛）策略，则其期望收益为
$$U(B_2) = x(b_3 - c_4) + (1-x)(b_4 - c_4) \qquad (4.15 \text{之前})$$

(6) 成员 B 的平均期望为
$$\begin{aligned}\overline{U}(B) &= yU(B_1)+(1-y)U(B_2) \\ &= y[x(b_1-c_3)+(1-x)(b_2-c_3)]+(1-y)[x(b_3-c_4) \\ &\quad +(1-x)(b_4-c_4)] \\ &= (b_3-b_4)x+(b_2-b_4-c_3+c_4)y+(b_1-b_2-b_3+b_4)xy \\ &\quad +(b_4-c_4)\end{aligned} \qquad (4.15)$$

则其复制动态方程为
$$\begin{aligned}\frac{\mathrm{d}y}{\mathrm{d}t} &= y(U(B_1)-\overline{U}(B)) \\ &= y(1-y)[x(b_1-b_2-b_3+b_4)-(b_4-b_2+c_3-c_4)]\end{aligned} \qquad (4.16)$$

令
$$\begin{cases}\dfrac{\mathrm{d}x}{\mathrm{d}t} = x(1-x)[(a_1-a_2-a_3+a_4)y-(a_4-a_2+c_1-c_2)] = 0 \\ \dfrac{\mathrm{d}y}{\mathrm{d}t} = y(1-y)[(b_1-b_2-b_3+b_4)x-(b_4-b_2+c_3-c_4)] = 0\end{cases}$$
$$(4.17)$$

解该方程组(4.17)可得到 5 个平衡点，分别是

$$(0,0),(0,1),(1,0),(1,1) \text{ 和 } \left(\frac{b_4-b_2+c_3-c_4}{b_1-b_2-b_3+b_4}, \frac{a_4-a_2+c_1-c_2}{a_1-a_2-a_3+a_4}\right)$$

为了使表达式更加简洁，可设

$$M = a_1 - a_2 - a_3 + a_4, \quad N = a_4 - a_2 + c_1 - c_2$$
$$P = b_1 - b_2 - b_3 + b_4, \quad Q = b_4 - b_2 + c_3 - c_4$$

于是，可得到动态方程组(4.17)的雅可比矩阵为

$$J = \begin{pmatrix} (1-2x)(My-N) & Mx(1-x) \\ Py(1-y) & (1-2y)(Px-Q) \end{pmatrix} \quad (4.18)$$

将方程组(4.17)解出的 5 个平衡点分别代入雅可比矩阵(4.18)中并分情况讨论。

1. 第一种情况

对于平衡点$(x,y)=(0,0)$，其雅可比矩阵为

$$J(0,0) = \begin{pmatrix} -N & 0 \\ 0 & -Q \end{pmatrix} = \begin{pmatrix} -(a_4-a_2+c_1-c_2) & 0 \\ 0 & -(b_4-b_2+c_3-c_4) \end{pmatrix}$$

(4.19)

该矩阵有两个特征值，分别是$\lambda_1 = -(a_4-a_2+c_1-c_2)$和$\lambda_2 = -(b_4-b_2+c_3-c_4)$。

若其中参数满足$\begin{cases} a_4-a_2 > c_2-c_1 \\ b_4-b_2 > c_4-c_2 \end{cases}$，则该复制动态系统处于稳定状态；

若其中参数满足$\begin{cases} a_4-a_2 < c_2-c_1 \\ b_4-b_2 < c_4-c_2 \end{cases}$，则该复制动态系统不稳定；

若其中参数满足$\begin{cases} a_4-a_2 > c_2-c_1 \\ b_4-b_2 < c_4-c_2 \end{cases}$或$\begin{cases} a_4-a_2 < c_2-c_1 \\ b_4-b_2 > c_4-c_2 \end{cases}$，即特征值$\lambda_1$和$\lambda_2$异号，则定点$(0,0)$就是该复制动态系统的鞍点。

在鞍点$(0,0)$处，对于成员 A 来说，因为概率$x \in [0,1]$，所以当$x \to 0^+$时，$x(1-x) > 0$，所以在方程(4.13)中，极限值$\lim\limits_{x \to 0^+} \frac{\mathrm{d}x}{\mathrm{d}t}$的符号与$(My-N)$的符号一致。

如果$My-N<0$，则极限值$\lim\limits_{x \to 0^+} \frac{\mathrm{d}x}{\mathrm{d}t}<0$，该定点$x=0$是稳定的，说明在成员

A 和 B 的演化博弈过程中,成员 A 选择策略 A_2(背叛)是稳定的。

如果 $My-N>0$,则极限值 $\lim\limits_{x\to 0^+}\dfrac{\mathrm{d}x}{\mathrm{d}t}>0$,该定点 $x=0$ 不稳定,说明成员 A 在此后反复的博弈过程中将通过学习来改变该策略。

同理,对于成员 B 来说,若 $xP-Q<0$,则在该定点 $y=0$ 处是稳定的,说明在成员 A 和 B 的演化博弈过程中,成员 B 选择策略 B_2(背叛)是稳定的。

所以,在平衡点 $(0,0)$ 处,如果参数满足 $\begin{cases}a_4-a_2>c_2-c_1\\b_4-b_2>c_4-c_2\end{cases}$,则该复制动态系统是稳定的;如果参数满足 $\begin{cases}a_4-a_2<c_2-c_1\\b_4-b_2<c_4-c_2\end{cases}$,则该复制动态系统不稳定;如果参数满足 $\begin{cases}a_4-a_2>c_2-c_1\\b_4-b_2<c_4-c_2\end{cases}$ 或 $\begin{cases}a_4-a_2<c_2-c_1\\b_4-b_2>c_4-c_2\end{cases}$,并且满足

$$\begin{cases}(a_1-a_2-a_3+a_4)y<(a_4-a_2+c_1-c_2)\\(b_1-b_2-b_3+b_4)x<(b_4-b_2+c_3-c_4)\end{cases}$$

该复制动态系统稳定,说明此时成员 A 和 B 均选择背叛策略。其相位图如图 4.1 所示。

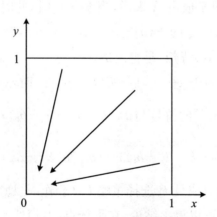

图 4.1 $(x,y)=(0,0)$ 时演化博弈系统相位图

2. 第二种情况

对于平衡点 $(x,y)=(0,1)$,其雅可比矩阵为

$$J(0,1) = \begin{pmatrix} (a_1-a_2-a_3+a_4)-(a_4-a_2+c_1-c_2) & 0 \\ 0 & b_4-b_2+c_3-c_4 \end{pmatrix}$$

(4.20)

其特征值为 $\lambda_1=(a_1-a_2-a_3+a_4)-(a_4-a_2+c_1-c_2)$，$\lambda_2=(b_4-b_2+c_3-c_4)$。

如果其中参数满足条件 $\begin{cases}(a_1-a_2-a_3+a_4)<(a_4-a_2+c_1-c_2)\\(b_4-b_2+c_3-c_4)<0\end{cases}$，即 $\begin{cases}\lambda_1<0\\\lambda_2<0\end{cases}$，则该复制动态系统呈稳定状态；

如果其中参数满足条件 $\begin{cases}(a_1-a_2-a_3+a_4)>(a_4-a_2+c_1-c_2)\\(b_4-b_2+c_3-c_4)>0\end{cases}$，即 $\begin{cases}\lambda_1>0\\\lambda_2>0\end{cases}$，则该复制动态系统不稳定。

如果其中参数满足条件 $\begin{cases}(a_1-a_2-a_3+a_4)>(a_4-a_2+c_1-c_2)\\(b_4-b_2+c_3-c_4)<0\end{cases}$ 或 $\begin{cases}(a_1-a_2-a_3+a_4)<(a_4-a_2+c_1-c_2)\\(b_4-b_2+c_3-c_4)>0\end{cases}$，即 $\lambda_1\lambda_2<0$，则点 $(0,1)$ 为该复制动态系统的鞍点。

在鞍点 $(0,1)$ 处，对于成员 A 来说，当 $x\to 0^+$ 时，此时系统同第一种情况一样，只有当 $(a_1-a_2-a_3+a_4)y-(a_4-a_2+c_1-c_2)<0$ 时，定点 $(x=0)$ 稳定，意味着成员 A 选择策略 A_2（背叛）是稳定的。

对于成员 B 来说，由于 $y\in[0,1]$，所以当 $y\to 1^-$ 时，$y(1-y)>0$，所以，由方程(4.16)可得极限值 $\lim\limits_{x\to 1^-}\dfrac{dy}{dt}$ 的符号与 $B_1(b_1-b_2-b_3+b_4)x-(b_4-b_2+c_3-c_4)$ 的符号是一致的。如果 $(b_1-b_2-b_3+b_4)x-(b_4-b_2+c_3-c_4)<0$，即 $\lim\limits_{x\to 1^-}\dfrac{dy}{dt}<0$，则该点 $(y=1)$ 是稳定点，此时成员 B 选择策略 B_1（合作）是稳定的。

所以，由上述分析可以得出结论，在平衡点 $(0,1)$ 处，

当 $\begin{cases}(a_1-a_2-a_3+a_4)<(a_4-a_2+c_1-c_2)\\(b_4-b_2+c_3-c_4)<0\end{cases}$ 时，复制动态系统呈稳定状态；

当 $\begin{cases}(a_1-a_2-a_3+a_4)>(a_4-a_2+c_1-c_2)\\(b_4-b_2+c_3-c_4)>0\end{cases}$ 时，复制动态系统是不稳定的；

当 $\begin{cases}(a_1-a_2-a_3+a_4)>(a_4-a_2+c_1-c_2)\\(b_4-b_2+c_3-c_4)<0\end{cases}$ 或

$$\begin{cases}(a_1-a_2-a_3+a_4)<(a_4-a_2+c_1-c_2)\\(b_4-b_2+c_3-c_4)>0\end{cases}$$

时,只有同时满足 $\begin{cases}(a_1-a_2-a_3+a_4)y<(a_4-a_2+c_1-c_2)\\(b_1-b_2-b_3+b_4)x<(b_4-b_2+c_3-c_4)\end{cases}$,该复制动态系统才是稳定的。这个时候,成员 A 选择的是 A_2 背叛策略,而成员 B 选择的是 B_1 合作策略。其相位图如图 4.2 所示。

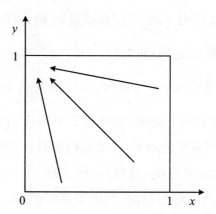

图 4.2 $(x,y)=(0,1)$ 时演化博弈系统相位图

3. 第三种情况

对于平衡点 $(x,y)=(1,0)$,其雅可比矩阵为

$$J(1,0)=\begin{bmatrix}a_4-a_2+c_1-c_2 & 0\\0 & (b_1-b_2-b_3+b_4)-(b_4-b_2+c_3-c_4)\end{bmatrix}$$

该矩阵的特征值为 $\lambda_1=(a_4-a_2+c_1-c_2)$,$\lambda_2=(b_1-b_2-b_3+b_4)-(b_4-b_2+c_3-c_4)$。

如果其中参数满足 $\begin{cases}a_4-a_2+c_1-c_2<0\\(b_1-b_2-b_3+b_4)-(b_4-b_2+c_3-c_4)<0\end{cases}$,则该复制动态系统呈稳定状态;

如果其中系数满足条件 $\begin{cases}a_4-a_2+c_1-c_2>0\\(b_1-b_2-b_3+b_4)-(b_4-b_2+c_3-c_4)>0\end{cases}$,则该复制动态系统不稳定;

如果其中系数满足条件 $\begin{cases}(a_1-a_2-a_3+a_4)>(a_4-a_2+c_1-c_2)\\(b_4-b_2+c_3-c_4)<0\end{cases}$ 或

$$\begin{cases}(a_1-a_2-a_3+a_4)<(a_4-a_2+c_1-c_2)\\(b_4-b_2+c_3-c_4)>0\end{cases}$$ 时,该平衡点(1,0)为系统的鞍点。

在鞍点(1,0)处,考虑成员 A,由于 $x\in[0,1]$,所以当 $x\to 1^-$ 时,$x(1-x)>0$,所以在方程(4.13)中,极限值 $\lim\limits_{x\to 1^-}\dfrac{\mathrm{d}x}{\mathrm{d}t}$ 的符号与 $(a_1-a_2-a_3+a_4)y-(a_4-a_2+c_1-c_2)$ 的符号一致。如果 $(a_1-a_2-a_3+a_4)y<(a_4-a_2+c_1-c_2)$,则极限值 $\lim\limits_{x\to 1^-}\dfrac{\mathrm{d}x}{\mathrm{d}t}<0$,该定点 $x=1$ 是稳定的,说明在成员 A 和 B 的演化博弈过程中,成员 A 选择策略 A_1(合作)是稳定的;如果 $(a_1-a_2-a_3+a_4)y>(a_4-a_2+c_1-c_2)$,则极限值 $\lim\limits_{x\to 1^-}\dfrac{\mathrm{d}x}{\mathrm{d}t}>0$,该定点 $x=1$ 不稳定,说明成员 A 在此后反复的博弈过程中将通过学习来改变该策略。同理,对于成员 B 来说,若 $(b_1-b_2-b_3+b_4)x-(b_4-b_2+c_3-c_4)<0$,则在该定点 $y=0$ 处是稳定的,说明在成员 A 和 B 的演化博弈过程中,成员 B 选择策略 B_2(背叛)是稳定的。

所以,由上述分析可以得出结论:在平衡点(1,0)处,若其中参数满足条件 $\begin{cases}a_4-a_2+c_1-c_2>0\\(b_1-b_2-b_3+b_4)-(b_4-b_2+c_3-c_4)>0\end{cases}$,则该动态系统不稳定;若其中参数满足条件 $\begin{cases}a_4-a_2+c_1-c_2<0\\(b_1-b_2-b_3+b_4)-(b_4-b_2+c_3-c_4)<0\end{cases}$,则该动态系统呈稳定状态;若其中系数满足条件 $\begin{cases}(a_1-a_2-a_3+a_4)>(a_4-a_2+c_1-c_2)\\(b_4-b_2+c_3-c_4)<0\end{cases}$ 或

$$\begin{cases}(a_1-a_2-a_3+a_4)<(a_4-a_2+c_1-c_2)\\(b_4-b_2+c_3-c_4)>0\end{cases}$$

同时还要满足 $\begin{cases}(a_1-a_2-a_3+a_4)y<(a_4-a_2+c_1-c_2)\\(b_1-b_2-b_3+b_4)x<(b_4-b_2+c_3-c_4)\end{cases}$,该动态系统依然呈稳定状态。此时,成员 A 选择的是 A_1 合作策略,而成员 B 选择的是 B_2 背叛策略。其相位图如图4.3所示。

4. 第四种情况

对于平衡点 $(x,y)=(1,1)$,其雅可比矩阵为

$$J(1,1) = \begin{pmatrix} (a_4-a_2+c_1-c_2)-(a_1-a_2-a_3+a_4) & 0 \\ 0 & (b_4-b_2+c_3-c_4)-(b_1-b_2-b_3+b_4) \end{pmatrix}$$

该矩阵的特征值为 $\lambda_1=(a_4-a_2+c_1-c_2)-(a_1-a_2-a_3+a_4)$,$\lambda_2=(b_4-b_2+c_3-c_4)-(b_1-b_2-b_3+b_4)$。

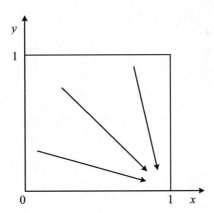

图 4.3 $(x,y)=(1,0)$ 时演化博弈系统相位图

如果其中参数满足条件 $\begin{cases}(a_4-a_2+c_1-c_2)<(a_1-a_2-a_3+a_4)\\(b_4-b_2+c_3-c_4)<(b_1-b_2-b_3+b_4)\end{cases}$,则该复制动态系统呈稳定状态;

如果其中参数满足条件 $\begin{cases}(a_4-a_2+c_1-c_2)>(a_1-a_2-a_3+a_4)\\(b_4-b_2+c_3-c_4)>(b_1-b_2-b_3+b_4)\end{cases}$,则系统不稳定;

如果 $\begin{cases}(a_4-a_2+c_1-c_2)>(a_1-a_2-a_3+a_4)\\(b_4-b_2+c_3-c_4)<(b_1-b_2-b_3+b_4)\end{cases}$ 或 $\begin{cases}(a_4-a_2+c_1-c_2)<(a_1-a_2-a_3+a_4)\\(b_4-b_2+c_3-c_4)>(b_1-b_2-b_3+b_4)\end{cases}$,则平衡点 $(1,1)$ 为该动态系统的鞍点。

在鞍点 $(1,1)$ 处,先考虑成员 A,由于 $x\in[0,1]$,所以当 $x\to 1^-$ 时,$x(1-x)>0$,所以在方程 (4.13) 中,极限值 $\lim\limits_{x\to 1^-}\dfrac{\mathrm{d}x}{\mathrm{d}t}$ 的符号与 $(a_1-a_2-a_3+a_4)y-(a_4-a_2+c_1-c_2)$ 的符号一致。如果 $(a_1-a_2-a_3+a_4)y<(a_4-a_2+c_1-c_2)$,则极限值 $\lim\limits_{x\to 1^-}\dfrac{\mathrm{d}x}{\mathrm{d}t}<0$,该定点 $x=1$ 是稳定的,说明在成员 A 和 B 的演化博弈过程中,成员 A 选择策略 A_1(合作)是稳定的;如果 $(a_1-a_2-a_3+a_4)y>(a_4-a_2+c_1-c_2)$,则极限值 $\lim\limits_{x\to 1^-}\dfrac{\mathrm{d}x}{\mathrm{d}t}>0$,该定点 $x=1$ 不稳定,说明成员 A 在此后反复的博弈过程

中将通过学习而改变该策略。同理,对于成员 B 来说,若 $(b_1-b_2-b_3+b_4)x-(b_4-b_2+c_3-c_4)<0$,则在该定点 $y=1$ 处是稳定的,说明在成员 A 和 B 的演化博弈过程中,成员 B 选择策略 B_1(合作)是稳定的。

因此可以得出结论:

如果参数满足条件 $\begin{cases}(a_4-a_2+c_1-c_2)>(a_1-a_2-a_3+a_4)\\(b_4-b_2+c_3-c_4)>(b_1-b_2-b_3+b_4)\end{cases}$,则该复制动态系统是不稳定的;

如果参数满足条件 $\begin{cases}(a_4-a_2+c_1-c_2)<(a_1-a_2-a_3+a_4)\\(b_4-b_2+c_3-c_4)<(b_1-b_2-b_3+b_4)\end{cases}$,此时系统呈稳定状态;

如果参数满足条件 $\begin{cases}(a_4-a_2+c_1-c_2)>(a_1-a_2-a_3+a_4)\\(b_4-b_2+c_3-c_4)<(b_1-b_2-b_3+b_4)\end{cases}$ 或 $\begin{cases}(a_4-a_2+c_1-c_2)<(a_1-a_2-a_3+a_4)\\(b_4-b_2+c_3-c_4)>(b_1-b_2-b_3+b_4)\end{cases}$,同时还满足

$$\begin{cases}(a_1-a_2-a_3+a_4)y<(a_4-a_2+c_1-c_2)\\(b_1-b_2-b_3+b_4)x<(b_4-b_2+c_3-c_4)\end{cases}$$

系统呈稳定状态,此时成员 A 和 B 均选择合作策略可以达到共赢的效果。这种情况的系统相位图如图 4.4 所示。

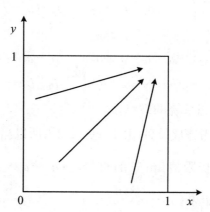

图 4.4 $(x,y)=(1,1)$ 时演化博弈系统相位图

5. 第五种情况

对于平衡点 $(x,y) = \left(\dfrac{b_4-b_2+c_3-c_4}{b_1-b_2-b_3+b_4}, \dfrac{a_4-a_2+c_1-c_2}{a_1-a_2-a_3+a_4}\right)$,为了使表达式更加简洁,现将其中的参数式分别记作 $M=a_1-a_2-a_3+a_4$,$N=a_4-a_2+c_1-c_2$,$P=b_1-b_2-b_3+b_4$,$Q=b_4-b_2+c_3-c_4$,则该平衡点可以表示为 $(x,y)=\left(\dfrac{Q}{P},\dfrac{N}{M}\right)$,其雅可比矩阵为

$$J\left(\dfrac{Q}{P},\dfrac{N}{M}\right) = \begin{bmatrix} 0 & \dfrac{MQ(P-Q)}{P^2} \\ \dfrac{PN(M-N)}{M^2} & 0 \end{bmatrix}$$

该矩阵的特征值为 $\lambda_1 = \sqrt{\dfrac{NQ(M-N)(P-Q)}{MP}}$,$\lambda_2 = -\sqrt{\dfrac{NQ(M-N)(P-Q)}{MP}}$。如果其中系数 $M=0$、$P=0$ 或 $\dfrac{NQ(P-Q)(M-N)}{MP}<0$,则特征值不存在,无法判断系统稳定性;如果其中系数 $\dfrac{NQ(P-Q)(M-N)}{MP}>0$,则 $\lambda_1\lambda_2<0$,此时 $(x,y)=\left(\dfrac{Q}{P},\dfrac{N}{M}\right)=\left(\dfrac{b_4-b_2+c_3-c_4}{b_1-b_2-b_3+b_4},\dfrac{a_4-a_2+c_1-c_2}{a_1-a_2-a_3+a_4}\right)$ 为鞍点;如果其中系数 $MP\neq 0$,同时满足条件 $N=0$、$Q=0$、$M=N$ 或 $P=Q$,其特征值 $\lambda_1=\lambda_2=0$,此时 $(x,y)=\left(\dfrac{Q}{P},\dfrac{N}{M}\right)=\left(\dfrac{b_4-b_2+c_3-c_4}{b_1-b_2-b_3+b_4},\dfrac{a_4-a_2+c_1-c_2}{a_1-a_2-a_3+a_4}\right)$ 为鞍点。

下面对鞍点进行分析,在 $\dfrac{NQ(P-Q)(M-N)}{MP}>0$ 成立的条件下:

考虑成员 A,由于 $x\in[0,1]$,当 $x=\dfrac{Q}{P}=0$ 或 $x=\dfrac{Q}{P}=1$ 时,前面已经讨论,所以考虑 $x=\dfrac{Q}{P}\in(0,1)$ 时的情况,当 $x\to\left(\dfrac{Q}{P}\right)$ 时,由于 $x(1-x)>0$,所以在方程(4.13)中,极限值 $\lim\limits_{x\to\left(\frac{Q}{P}\right)}\dfrac{\mathrm{d}x}{\mathrm{d}t}$ 的符号与 $(a_1-a_2-a_3+a_4)y-(a_4-a_2+c_1-c_2)$ 的符号一致。

如果 $(a_1-a_2-a_3+a_4)y<(a_4-a_2+c_1-c_2)$,即 $My<N$,则成员 A 在 $x=$

$\frac{Q}{P}$ 处稳定;如果 $(a_1-a_2-a_3+a_4)y>(a_4-a_2+c_1-c_2)$,即 $My>N$,则成员 A 在 $x=\frac{Q}{P}$ 处不稳定。

再考虑成员 B,与成员 A 情况类似,只考虑 $y=\frac{N}{M}\in(0,1)$ 的情况。当 $y\to\left(\frac{N}{M}\right)$ 时,由于 $y(1-y)>0$,所以在方程中(4.16)中,极限值 $\lim\limits_{y\to\left(\frac{N}{M}\right)}\frac{dy}{dt}$ 的符号与 $(b_1-b_2-b_3+b_4)x-(b_4-b_2+c_3-c_4)$ 的符号一致。

如果其中参数满足 $(b_1-b_2-b_3+b_4)x<(b_4-b_2+c_3-c_4)$,即 $Px<Q$ 时,成员 B 在 $y=\frac{N}{M}$ 处稳定;如果其中参数满足 $(b_1-b_2-b_3+b_4)x>(b_4-b_2+c_3-c_4)$,即 $Px>Q$ 时,成员 B 在 $y=\frac{N}{M}$ 处不稳定。

但是,在 $\frac{NQ(P-Q)(M-N)}{MP}>0$ 的条件下,当 $\begin{cases}x\to\left(\frac{Q}{P}\right)^-\\ y\to\left(\frac{N}{M}\right)^-\end{cases}$ 和 $\begin{cases}x\to\left(\frac{Q}{P}\right)^+\\ y\to\left(\frac{N}{M}\right)^+\end{cases}$ 时,两种情况下,$\lim\limits_{x\to\left(\frac{Q}{P}\right)^-}\frac{dx}{dt}<0$ 的符号与 $\lim\limits_{x\to\left(\frac{Q}{P}\right)^+}\frac{dx}{dt}$ 的符号正好相反,同样 $\lim\limits_{y\to\left(\frac{N}{M}\right)^-}\frac{dy}{dt}$ 与 $\lim\limits_{y\to\left(\frac{N}{M}\right)^+}\frac{dy}{dt}$ 的符号也相反,所以在该平衡点处系统不稳定。

由此可以看出,在满足条件 $x=\frac{Q}{P}\in(0,1)$ 和 $y=\frac{N}{M}\in(0,1)$ 的情况下,平衡点 $(x,y)=\left(\frac{Q}{P},\frac{N}{M}\right)$ 在如图 4.5 所示的边长为 1 的正方形 $OABC$ 内部,由于 x 与 y 从不同的方向趋于该平衡点时,所得到的稳定性情况不一样,所以,在 $\frac{NQ(P-Q)(M-N)}{MP}>0$ 的条件下,该复制动态系统在该点处不稳定。

如果 $\frac{NQ(P-Q)(M-N)}{MP}\geqslant 0$,$\frac{NQ(P-Q)(M-N)}{MP}=0$,则意味着 $N=0$、$Q=0$、$M=N$、$P=Q$ 四个等式至少有一个成立,所以平衡点 $(x,y)=\left(\frac{Q}{P},\frac{N}{M}\right)$ 就在如图 4.5 所示边长为 1 的正方形 $OABC$ 的边界上。平衡点 $(x,y)=\left(\frac{Q}{P},\frac{N}{M}\right)$ 在正

方形的四个顶点处的情况前面已经详细讨论过,现在只考虑该平衡点在正方形除了顶点之外边界上的情况。

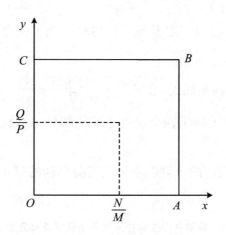

图4.5　平衡点位置图

考虑如果 $Q=0, \dfrac{N}{M} \in (0,1)$,此时点 $(x,y) = \left(\dfrac{Q}{P}, \dfrac{N}{M}\right)$ 在正方形的边 OC 上。

对于成员 A,由于 $x=0$,所以在方程(4-13)中,极限值 $\lim\limits_{x \to 0^+} \dfrac{\mathrm{d}x}{\mathrm{d}t}$ 的符号与 $(a_1 - a_2 - a_3 + a_4)y - (a_4 - a_2 + c_1 - c_2)$ 的符号一致。

如果 $(a_1 - a_2 - a_3 + a_4)y < (a_4 - a_2 + c_1 - c_2)$,即 $My < N$,则成员 A 在 $x=0$ 处稳定;如果 $(a_1 - a_2 - a_3 + a_4)y > (a_4 - a_2 + c_1 - c_2)$,即 $My > N$,则成员 A 在 $x=0$ 处不稳定。

再考虑成员 B,当 $y \to \left(\dfrac{N}{M}\right)$ 时,由于 $y(1-y)>0$,所以在方程(4.16)中,极限值 $\lim\limits_{y \to \left(\dfrac{N}{M}\right)} \dfrac{\mathrm{d}y}{\mathrm{d}t}$ 的符号与 $(b_1 - b_2 - b_3 + b_4)x - (b_4 - b_2 + c_3 - c_4)$ 的符号一致。如果其中参数满足 $(b_1 - b_2 - b_3 + b_4)x < (b_4 - b_2 + c_3 - c_4)$,即 $Px < Q$ 时,成员 B 在 $y = \dfrac{N}{M}$ 处稳定;如果其中参数满足 $(b_1 - b_2 - b_3 + b_4)x > (b_4 - b_2 + c_3 - c_4)$,即 $Px > Q$ 时,成员 B 在 $y = \dfrac{N}{M}$ 处不稳定。

但是,在 $\dfrac{NQ(P-Q)(M-N)}{MP} = 0$ 的条件下,当 $\begin{cases} x \to 0^+ \\ y \to \left(\dfrac{N}{M}\right)^- \end{cases}$ 时与

$\begin{cases} x \to 0^+ \\ y \to \left(\dfrac{N}{M}\right)^+ \end{cases}$ 时，$\lim\limits_{x \to 0^+} \dfrac{\mathrm{d}x}{\mathrm{d}t}$ 的符号正好相反，所以在该点处系统不稳定。同理，可以看出当平衡点在正方形 $OABC$ 其他三条边界上除了顶点之外的位置时系统均不稳定。

由以上分析可以得出结论，在 $\dfrac{NQ(P-Q)(M-N)}{MP} \geqslant 0$ 的条件下，平衡点在正方形 $OABC$ 的边界上除了四个顶点之外的部分，以及在正方形内部各点时，系统均不稳定。

综合以上五种情况，两个创新主体在集群创新的过程中所采取的策略与条件的对应关系如表 4.6 所示。

表 4.6 集群创新主体协同竞争演化博弈稳定性情况表

平衡点	条　件	稳定性
(0,0)	(1) $a_4-a_2<c_2-c_1$ 且 $b_4-b_2>c_4-c_2$ $b_4-b_2<c_4-c_2$	不稳定
	(2) $a_4-a_2>c_2-c_1$ 且 $b_4-b_2>c_4-c_2$	稳定
	(3) $(a_4-a_2-c_1+c_2)(b_4-b_2-c_2+c_4)<0$ 且 $(a_1-a_2-a_3+a_4)y<(a_4-a_2+c_1-c_2)$ 且 $(b_1-b_2-b_3+b_4)x<(b_4-b_2+c_3-c_4)$	稳定
(0,1)	(4) $a_1-a_2-a_3+a_4>a_4-a_2+c_1-c_2$ 且 $b_4-b_2+c_3-c_4>0$	不稳定
	(5) $a_1-a_2-a_3+a_4<a_4-a_2+c_1-c_2$ 且 $b_4-b_2+c_3-c_4<0$	稳定
	(6) $[(a_1-a_2-a_3+a_4)-(a_4-a_2+c_1-c_2)](b_4-b_2+c_3-c_4)<0$ 且 $(a_1-a_2-a_3+a_4)y<(a_4-a_2+c_1-c_2)$ 且 $(b_1-b_2-b_3+b_4)x<(b_4-b_2+c_3-c_4)$	稳定
(1,0)	(7) $a_4-a_2>c_2-c_1$ 且 $b_1-b_2-b_3+b_4>b_4-b_2+c_3-c_4$	不稳定
	(8) $a_4-a_2<c_2-c_1$ 且 $b_1-b_2-b_3+b_4<b_4-b_2+c_3-c_4$	稳定
	(9) $[(a_1-a_2-a_3+a_4)-(a_4-a_2+c_1-c_2)](b_4-b_2+c_3-c_4)<0$ 且 $(a_1-a_2-a_3+a_4)y<(a_4-a_2+c_1-c_2)$ 且 $(b_1-b_2-b_3+b_4)x<(b_4-b_2+c_3-c_4)$	稳定
(1,1)	(10) $a_1-a_2-a_3+a_4<a_4-a_2+c_1-c_2$ 且 $b_1-b_2-b_3+b_4<b_4-b_2+c_3-c_4$	不稳定
	(11) $a_1-a_2-a_3+a_4>a_4-a_2+c_1-c_2$ 且 $b_1-b_2-b_3+b_4>b_4-b_2+c_3-c_4$	稳定

续表

平衡点	条件	稳定性
$(1,1)$	$(12)\ [(a_1-a_2-a_3+a_4)-(a_4-a_2+c_1-c_2)]$ 与 $[(b_1-b_2-b_3+b_4)-(b_4-b_2+c_3-c_4)]$ 同号 且 $(a_1-a_2-a_3+a_4)y<(a_4-a_2+c_1-c_2)$ 且 $(b_1-b_2-b_3+b_4)x<(b_4-b_2+c_3-c_4)$	稳定
$\left(\dfrac{Q}{P},\dfrac{N}{M}\right)$		不稳定

注：表中 $M=(a_1-a_2-a_3+a_4)$，$N=(a_4-a_2+c_1-c_2)$，$P=(b_1-b_2-b_3+b_4)$，$Q=(b_4-b_2+c_3-c_4)$。

集群创新网络中两个创新主体演化博弈系统相位图如图4.6所示。

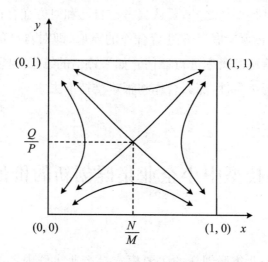

图 4.6　两个创新主体演化博弈系统相位图

4.3.3　集群内企业进行合作创新的总结分析

从两个企业在集群中进行合作创新的演化博弈分析中，我们可以看出，在企业选择了合作伙伴之后，双方都在试探性地进行创新策略的选择，在每一轮的博弈过后，博弈双方都在总结自己的得失，以及观察对方的策略，然后得到进一步的学习，从而调整自己的策略，最终达到稳定的平衡。

通过前面对五种情况的平衡点进行分析可知,其中任意一方不愿意合作而选择背叛策略都是我们不愿看到的,这就意味着集群创新在经过一段时间的实施之后,考虑到自身的收益与成本,至少有一方要退出合作而导致集群创新的失败,其中第五种情况是比较理想的状态,但是要获得这种结果,博弈双方的收益与成本必须要满足严格的条件,即满足 $a_1-a_2-a_3+a_4>a_4-a_2+c_1-c_2$ 且 $b_1-b_2-b_3+b_4>b_4-b_2+c_3-c_4$,或者在每轮的博弈过程中双方的收益与费用必须同时满足 $[(a_1-a_2-a_3+a_4)-(a_4-a_2+c_1-c_2)]$ 与 $[(b_1-b_2-b_3+b_4)-(b_4-b_2+c_3-c_4)]$ 同号,且 $(a_1-a_2-a_3+a_4)y<(a_4-a_2+c_1-c_2)$ 与 $(b_1-b_2-b_3+b_4)x<(b_4-b_2+c_3-c_4)$ 同时成立,才能够使得最终的趋势是双方都选择合作的策略,实现合作共赢的效果。

因此,在集群创新的过程中,每个企业在选择合作伙伴时,除了对潜在合作对象的创新潜能进行评估之外,要认真考虑自己和对方在合作创新过程中的收益与费用情况,还必须考虑对方进行合作的意愿,即对自己的合作对象在合作过程中选择合作策略的概率进行评估。如果评估的结果不能满足第五种情况,达到稳定状态的两个条件,那么合作将很难维持下去。

4.4 科技型中小企业集群创新的价值链分析

科技型中小企业集群创新的主要模式是产业集群内各个创新主体之间通过横向联合而进行的合作创新,但是除了集群内的合作协同创新之外,还存在着科技型中小企业集群创新的链式发展模式。集群创新的链式发展模式是指高技术产品在从最初的生产者到最终顾客的整个生产流程中,分解为一系列既密切联系又相对独立的增值环节,每一个增值环节的生产活动都可以由一个或几个企业来完成,各个企业根据各自的创新投入进行成果分配和市场交易,从而形成价值链与集群创新网络,整个集群创新的链式发展模式就是由各个创新主体通过价值链的联系而形成和发展起来的。

改革开放以来,大量的国际跨国公司进入中国,从延伸进来的主导型全球价值链的发展状况可以看出,中国企业由于技术创新水平相对落后,企业发展动力不足,一些领域还存在过多的对外依赖性。从发展过程来看,尽管目前我国的高科技产品和服务中的高附加值部分仍然受制于外资企业,多数企业还是采取跟踪模仿的形式来接触国际前沿技术,但是只要我国的高科技企业能够嵌入全球价值链,在模仿创新的过程中就能够更快地吸收前沿技术,并在技术引进、消化吸收和模仿创新的基础上,进一步激发自主创新的新动能,到了一定阶段后,我们自主研发的新技术就会呈几何级数增长。因此,为了抓住新产业革命带来的重要发展机遇,落实《中国制造 2025》提出的以高端产业链打造一流产业强国的战略规划,广大的科技型中小企业应该制定并实施自身的创新发展战略,努力适应全球价值链的不断升级所带来的变化,通过集群创新的组织形式,不断提高自主创新能力,积极嵌入全球价值链体系,从依赖于生产要素的低成本优势和固定资产的高强度投资,转向主动参与价值链上游的新兴产业重组、创新驱动和转型升级,通过资源整合和优势互补,创造出新的中国智慧。

笔者将在研究科技型中小企业集群的基础上,探索创新价值链的形成与企业集群的链式创新发展模式,然后再研究中小企业通过链式结构实施开放式创新的一般过程,最后探讨我国科技型中小企业通过嵌入全球价值链而实现集群和地区产业升级的原理和具体过程。通过问题识别和理论分析,为我国相关科技产业部门和行业协会的政策制定与调整提供参考。

4.4.1 科技型中小企业创新价值链的形成

价值链理论是由 Michael E. Porter(1985)在其著作《竞争优势》中首次提出的。Porter 认为各个企业都是在产品研发、生产设计、产品销售和物流配送等过程中进行各种活动的集合体,相互关联却又彼此相对独立的生产经营活动便构成了创造价值的一个动态过程,即价值链,各个企业与其上、下游企业通过价值链的关系产生联系,从而将企业产生的价值凝结在最终产品之上。一个行业可以产生一条价值链,不同行业可以形成相互交叉的价值链,每个企业都会处于一条或几条价值链的某个环节或某一段,通过价值链的联系而使得价值链上、下游的企业形成相互依存而又彼此影响的互惠共生关系。

在集群中,除了生产同种产品或者同类产品的企业之外,还存在着大量的产业链和价值链的上、下游企业,通过创新资源共享、优势互补以及价值创造与价值流动等一系列活动,将这些企业紧密地联系在一起。由于各个企业在价值链中所处的地位和作用不同,其增值能力也有所区别。专业化的分工使得集群中的单个企业无法完成从原材料加工到产成品这一整个生产过程和资源的循环流动过程,为了实现自身的快速成长,提高自己产品或服务的市场竞争力,达到互惠共生的目的,在一些价值增值的环节上,上、下游企业通过在核心环节上进行密切合作,充分发挥各自的创新优势,使得彼此之间的创新资源与创新要素等各方面得到相互补充,从而在整个价值链上创造更大的价值,最终实现自身收益有效增加,由此产生了价值链上、下游企业之间进行合作创新的原始动力。

创新价值链是指各个企业在创新活动中产生的价值创造与价值增值过程以及与之相适应的结构组织形式,体现在创新活动中的价值创造与转移,表现为相关创新主体之间的链式结构。创新价值链是一个知识与信息共享以及物质资源流动的过程,具有上、下游企业之间的互动特征。同时,创新价值链是一个不断连续的创新发展过程,由于价值的创造与转移是通过物质资料的流动过程将各相关创新主体连接起来的,所以只有在各个创新环节中不断地创造价值,才能够形成完整的创新价值链。另外,创新价值链表现为上、下游企业之间的一种分工与协作,每个创新主体在创新活动中都发挥着特定的作用,由于在高科技产业集群的价值链中,创新活动的开展与价值的创造是企业之间的一个互动过程,上、下游企业之间的关联性更高,价值链上的每一个节点的决策都会对整个产业链的价值增值与价值创造产生影响,而单个企业的生产经营与创新活动又离不开其上、下游企业的联系与配合,因此相对于生产同种产品的平行企业来说,价值链上的企业更容易产生协作关系,在目标基本一致的情况下更容易进行协同创新。

4.4.2 科技型中小企业链式创新的结构

在科技型中小企业集群创新的过程中,必定和区域内的其他企业、高等院校、科研院所、相关政府管理部门、科技中介服务机构、原材料供应商以及顾客和消费群体等相关创新主体,在信息流动和资源共享的基础上,建立起一种相对稳定、具有创新功能、正式或非正式的创新网络。考虑到产业链上的中小企业主要包括原材料加工企业、零配件生产企业和产成品生产与装配企业,这些企业构成了产品的生产网络。集群中的科研院所和高等院校等相关主体，作为知识的生产者与技术的传播者，是产学研合作的主体，构成了集群创新的知识网络。各级政府相关管理部门与各类科技中介服务机构，主要是为集群创新提供政策引导与中介服务，构成了集群创新的社会中介服务网络。高科技园区的生产网络、社会中介服务网络和知识网络的融合形成了集群创新网络，随着物质流与信息流在价值链中的流动，形成了价值创造和价值增值过程，其链式发展模型如图4.7所示。

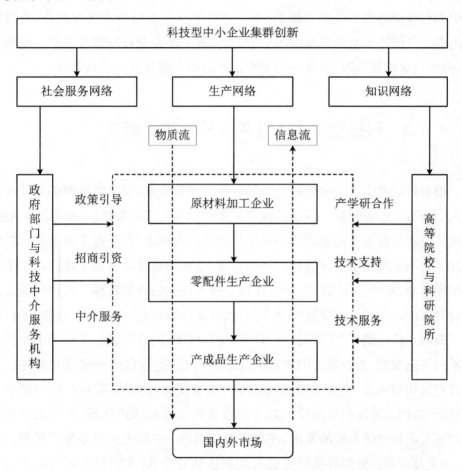

图 4.7 科技型中小企业集群创新链式发展模型图

在高科技园区集群创新产业链中，主要由原材料加工企业、零配件生产企业和产成品生产企业构成一个比较完整的价值链，各个环节的创新活动所产生的价值随着物质的流动从上向下传递，最终通过向国内外市场销售产品来实现。而消费者的反馈信息则通过价值链反向流动，传递到价值链的各个环节，从而促使各个环节的创新主体进一步调整创新策略,以适应市场的需要。集群所在地区的高等院校与科研院所,即知识的生产者与传播者,与集群内的企业结成创新联盟,进行合作研发与科技攻关,为集群创新价值链的价值增值发挥出巨大作用。集群所在地的各级政府部门与科技中介服务机构作为价值链的辅助环节,为集群创新提供政策引导、招商引资、信息咨询、创业辅导和技术转移等服务,与价值链上的生产创新网络有机融合,进行集群创新活动。中小企业创新价值链上的各个环节既相对独立又互相渗透,每个企业在信息和物质流动中都与外部环境产生密切联系,为了更好地适应市场的快速变化,在有限时间内提高自己的创新活力和市场竞争力,弥补中小企业自身创新资源不足的劣势,降低企业创新风险,集群内的中小企业必须采取开放式创新策略。

4.4.3　科技型中小企业集群的开放式创新

根据科技型中小企业集群与外界合作的密切程度,可以将集群创新分为封闭式创新与开放式创新。我国传统意义上的创新方式一般指的是封闭式创新。封闭式创新是指企业的创新活动集中于企业的内部进行,企业主要依靠自身的研发实力来实现技术的改造和产品的升级,企业的研发成果也主要应用于企业的组织内部,基本上没有产学研合作以及技术成果的外部转移。这种创新方式与计划经济时代的产业发展与企业的组织结构比较吻合,曾经在一段时期内取得了成功。但是到了 21 世纪,在市场经济条件下,随着知识经济的到来和信息技术的飞速发展,企业所处的外部环境瞬息万变,企业之间的联系和交往也变得日趋密切和频繁,企业的创新活动变得更加复杂,创新周期和产品周期也不断地缩短,创新速度明显加快。如果企业依然依靠封闭式创新,那么就很难适应市场需求和时代发展的要求,在激烈的市场竞争中将失去很多发展机遇。因此,企业必须依据外部环境的变化与创新活动的要求,在创新方式与创新组织形式上作相应的调整与改变,企业应采取开放式创新来协调和整合企业内部与外部的创新资源,建立起合适的创新网络,通过与价值链上企业的融合来创造和传递价值,通过集群创新来分享创新成果。同样的道理,为了适应新形势的发展变化,科技型中小企业的集群创新活动也不能局限于集群的内部,集群创新网络也应该是一个开放的系统,应该与集群外的一些相关企业与机构建立联系,将集群价值链融入到更大范围的价值链中,通过集群内外的信息交流与资源共享,利用集群外的创新资源和技术力量来进行集群创新,实现集群价值链的价值增值。

开放式创新模式是科技型中小企业在全球价值链环境中开展创新活动的主要范式,企业通过在全球价值链中的动态学习和交流互动促进自身创新能力的提高。开放式创新最早是由美国的 Chesbrough 教授提出的,他在《开放式创新》一书中指出,企业可以利用其内部和外部的一切思想和市场渠道,获取企业创新所需的各种先进知识。开放式创新的主要特征就是打破企业的自然边界,强调知识和技术在不同企业之间的流动以及企业间的合作创新,包括企业整合各种创新要素的能力。与封闭式创新相比,科技型中小企业集群的开放式创新的主要特征是集群内的企业和研发机构与集群外的相关企业、科研院所、高等院校、相关政府部门结成更大的创新联盟,在创新活动中进行密切合作,利用集群外部的创新资源,使得整个创新活动走出集群的范围,在集群层面上形成更大范围的综合性开放式创新。

从科技型中小企业集群的类型来看,龙头企业主导型的集群与竞争性的集群更加适合采取开放式创新。在龙头企业主导型的集群中,龙头企业在组织规模、创新能力、研发技术和创新资源等多方面都具有明显优势,在创新活动中居于主导地位,集群内其他的中小企业在很大程度上依赖于龙头企业,由于众多中小企业的资源与能力所限,不可能完全满足龙头企业的创新所需,所以龙头企业就会与集群外部的企业与相关机构采取合作创新,这样在集群层面上就表现为开放式创新。在竞争性的集群中,由于多数企业在创新资源、技术研发、组织规模与营销能力等各方面相差无几,时刻感受到来自集群内部的压力,为了保持自身的竞争优势,这类企业不会局限于集群内部的合作集群创新,也会寻求与集群外部的企业与相关机构进行合作,通过与集群外部的合作来获得更多的创新资源,进一步提高自身的创新能力,保持已有的创新优势,这样在创新活动中就表现为开放式创新。

4.4.4　全球价值链下地区产业集群的升级

嵌入全球价值链是我国企业广泛参与国际合作的重要途径,在经济全球化的背景下,任何一个地区的产业集群都不能失去与外界的联系。为了增强企业的创新能力,提高自身的产业竞争力,以集群为特征的高科技园区的创新网络不能局限于集群内部的创新活动,需要与集群外部的相关创新主体寻求合作,从而进行开放式创新。同时,为了保持自身的竞争优势和企业的基业常青,实现长远的战略目标,必须选择适当的时机、采取适当的方式嵌入全球价值链,在全球价值链上从事技术的研发、产品的设计、生产流程的改造和营销服务等创新活动。

全球价值链的形成可以促进生产的网络信息化和知识化的快速发展,加快科技和生产领域知识和技术扩散的转移速度。嵌入全球价值链能够让区域内中小企业分享到全球价值链的知识溢出效应,使集群获得产业升级的机会。由于世界上每个地区的产业集群都是全球价值链的一个片断,所以一个集群要在全球价值链中获得竞争优势,就必须准确找到自身的定位,准确识别自身的竞争优势与价值链的运作机制。在价值链的技术高端和营销高端被发达国家占领的现实情况下,找到能够发挥自身优势的切入点,将自己放在全球价值链中有利的环节,通过发挥自身的竞争优势,在资本的积累和集群创新的过程中不断地向价值链的高端环节攀升,从而实现高技术产业集群由低级阶段向高级阶段的转换和升级。

嵌入全球价值链还可以加速产业结构升级的进程。作为发展中国家,高技术产业的发展在一定程度上不可避免地受到发达国家产业结构调整的影响和制约,由于全球范围内的产业结构调整和产业转移呈现出多样性和阶梯性,发达国家为了追求更高的产业利润,在将本国的劳动密集型产业向发展中国家转移的过程中,还会将一定范围内的技术密集型产业通过外包等形式向发展中国家转移和渗透,甚至在发展中国家建立研发中心,如印度班加罗尔地区的信息技术产业和软件业的发展就是欧美发达国家技术外包的典型事例。发展中国家的产业集群可以通过嵌入全球价值链,充分发挥自身的低成本和后发优势,在学习借鉴和利用发达国家先进技术的基础上,同时进入劳动密集型产业和资本与技术密集型产业,迅速建立和培育自己的主导产业,通过高技术产业的集群创新来获得跨越式发展,从而加快地区产业结构调整和升级的进程。

全球价值链下的集群升级一般表现为四种类型,分别是工艺流程升级、产品升级、功能升级和价值链的升级。① 工艺流程升级,表现在处于全球价值链低端的产业,主要是以低成本优势来融入全球价值链,如果能够引入新的工艺流程组织方式,提升价值链中某些环节的生产工艺流程的效率,就可以超越竞争对手,从而实现集群的升级。② 产品升级,主要表现为集群中企业通过研发和引进新产品、新工艺或改进现有产品的质量与生产效率,从而超越竞争对手,增强企业的市场竞争能力,实现企业产品的升级。③ 功能升级,主要表现为集群内的企业在完成产品升级的基础上,通过重新组合与调整集群在价值链中的位置和环节,进一步从生产环节调整为附加值比较高的设计和营销环节,在技术上把握住竞争的主动权,从而实现自身对价值链的治理权。④ 价值链的升级,主要表现为集群从一条价值链向另一条价值量更高的价值链的转移和跨越,在相关的产业领域内进行创新活动,从而获得更高的收益率,实现企业获利能力和盈利水平的提高。集群升级的一般路径和过程按照从工艺流程升级、产品升级、功能升级到价值链的升级的顺序进行,实现产业集群升级的根本途径在于集群创新,只有集群内价值链上相关的创新主体紧密协作进行集群创新,同时充分利用集群外部的创新资源开展集群层面上的开放式创新,才能在激烈的竞争中掌握发展的主动权,在产业集群升级的过程中获得全球价值链的治理权,从而实现集群与企业的跨越式发展。

4.4.5 全球价值链下企业发展的应对策略

随着我国经济发展进入新常态,经济增长速度正在由高速发展向中高速发展方向调整,经济发展模式也由粗放型向集约型过渡,供给侧结构性改革也正在全面地展开和深化。在新形势下,我国广大的科技型中小企业面临着重要的战略机遇期,如何充分发挥自身的特点和优势,合理利用集群创新带来的知识、人才和技术等创新资源的共享机制,全面提高自身的创新能力和提升企业在全球价值链上的位置,将是企业管理层所面对的重要战略性问题。在新形势下,要提高我国科技型中小企业的可持续发展能力和国际竞争力,引导企业积极参与全球价值链的创新活动,对于政府管理部门来说,需要在政策层面上增加对中小企业的扶持力度,为科技型中小企业的创新活动搭建平台,采取多种措施解决企业在创新发展中遇到的各种问题。

1. 制定和完善对企业的扶持政策

有效提升科技型中小企业的市场竞争力,需要政府进一步调整和完善相关的产业政策和管理机制,继续实施积极的财政政策和稳健的货币政策。在政府的财政预算中设立关于科技型中小企业的专项扶持基金,通过社会途径为中小企业搭建融资平台,政府通过与银行等各类金融机构沟通,引导各类金融机构为企业提供低息贷款服务,降低中小企业的贷款门槛和简化贷款手续,有效疏通货币政策向中小企业传导的金融渠道,调整投融资体制方面的制度设计,解决广大科技型中小企业的融资难问题。

2. 加大对企业的人才培养力度

由于科技型中小企业的规模较小、风险较高,人才短缺是当前比较普遍存在的突出问题。从政府管理部门来看,解决中小企业的人才短缺问题是今后一段时期的一项重要任务。在此问题上,政府应该加大吸引和培养人才的专项资金的投入,为中小企业的人才引进和人才培养开辟绿色通道。通过政府牵线,引导企业和高等院校、科研院所深入开展产学研合作,借助专题讲座、专家辅导和集中培训等多种方式,为企业培养各种专业技术人才和经营管理人才。同时,相关教育部门和劳动部门进一步完善普通高等教育和高等职业教育体系,有针对性地为企业输送创新型管理人才和技术人才。

3. 营造良好的发展环境

政府相关部门可以通过财政、税收以及奖励政策的调整,充分调动各个创新主体的创新积极性,建立健全针对科技型中小企业的技术创新服务体系,加强对企业的创新活动方面的宏观指导,通过相关法律法规的不断完善,为中小企业的创新发展营造一个公平公正的市场环境,保障中小企业的合法权益。同时,加快跨区域的知识溢出和技术扩散的速度,增强对知识产权的保护力度,促进高等院校和科研院所的科技成果向实际生产的合理转化。

4. 鼓励企业开拓国际市场

政府管理部门通过设立专项国际市场开拓基金,为企业搭台引线,组织企业积极参与国际上的相关新产品发布会和人才技术交流活动。通过与国外先进企业的人才交流活动,提高我们的自主创新能力,开拓管理者的国际化视野。通过鼓励企业与国外企业的横向联合,在相关领域内共同进行技术研发和科技攻关,帮助企业走进国际市场。同时,政府通过宏观指导,引导有一定实力的企业结合自身的竞争优势和发展潜能,有步骤、分阶段地开拓海外市场和对外投资,实现自身价值链的全球布局,为我国科技型中小企业持续的创新发展提供有力保障。

第5章 科技型中小企业集群创新效应的实证研究

我国的科技型中小企业数量众多，主要集中在电子信息、生物医药、新材料、新能源和高效节能、光机电一体化、资源与环境以及高新技术服务业等多个领域，广泛分布在各地科技园区内，具有科技含量高、创新能力强、决策机制灵活、市场适应性强等特点，在国家创新战略中发挥着不可替代的重要作用。广大的科技型中小企业利用集群的优势进行创新，能够有效弥补企业自身创新能力和创新资源等方面的不足，使企业集群创新整体绩效高于集群内单个企业创新绩效的总和，从而降低企业的创新成本，规避风险，增加收益。因为企业集群创新活动的突出优点和集群特有的市场竞争优势，在外部市场需求的拉力、集群内外企业之间市场竞争的压力、内部企业间的相互作用力、政府部门的推动力、科学技术的推动力以及由区域范围内的创新文化所产生的推动力等多种力量和因素的共同作用下，各个企业为了进一步发挥自身创新的灵活性优势，尽可能弥补企业本身所拥有的创新资源的不足，所以为数众多的科技型中小企业在一定条件下采取了集群创新的组织模式。

一个区域内的众多科技型中小企业共同选择了集群创新的形式,通过集群内部企业彼此之间的协作与竞争,最终将产生怎样的社会效应和经济效益?企业集群创新产生的各类效应受到哪些因素的制约和影响?各类影响因素共同作用所产生的影响力,能够通过何种方式和路径进一步影响创新效应?

为了进一步揭示广大科技型中小企业集群创新过程中的运作机理,深入分析科技型中小企业集群创新的影响因素和创新效应,本章将从文献理论研究和具体实践相结合的角度,对科技型中小企业集群创新所产生的效应与作用方式进行分析。首先,在文献调研的基础上建立理论分析模型;其次,在理论模型的基础上提出相关假设;再次,通过问卷调查的方法获取相关数据,并对问卷调查所获数据的信度和效度进行检验,确保数据的一致性和稳定性;最后,利用结构方程模型对书中提出的基本假设进行检验,从而得出研究结论,如图5.1所示。

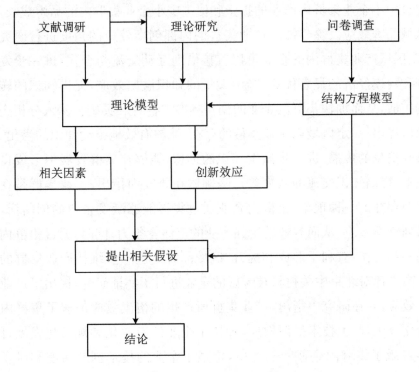

图 5.1　研究内容结构图

5.1 理 论 模 型

关于高技术产业集群和企业技术创新的效应等方面的研究成果比较丰富，国内学者分别从各种不同的视角对集群创新的效应展开研究，康晶和张引在对企业集群创新的绩效进行对比分析之后认为，广大中小企业通过集群创新所产生的效应主要体现在企业间的竞争与合作效应、集群外部的规模效应、企业自身的学习效应和产品的品牌效应等方面。任巧巧对中小企业集群内共生效应的研究提出，中小企业进行集群内的技术创新活动，有利于知识的传播与扩散，能够促进中小企业集群内产业的扩张和促进中小企业集群内的品牌成长，容易形成区域品牌效应。徐建敏从产业集群的内部创新效应的角度进行研究并指出，一定区域产业集群内的企业可以直接借助互动交流与合作，进一步发挥范围经济和规模经济的显著优势，产生大量的知识溢出效应，促进知识的转移和技术的扩散，从而加快集群内企业的创新频率。杨青和吴娟在深入分析企业集群现象后提出，一定区域内企业集群的存在，能够有效地推动知识的溢出、技术的转移和信息的传播，进一步激发知识的创造，能够在集群发展中形成良好的社会资本，提高知识交流的效率等。陈柳钦在研究中指出，产业集群是在世界各国普遍存在的一种现象，集群内企业通过集群能够激发企业的创新活动，产生一系列创新效应，从而有效地增强产业的整体竞争力；同时，通过集群内企业之间的相互合作，有利于形成和提升"区域品牌"，进一步维持产业集群的区域发展。高雪莲对北京中关村科技园区的企业进行了实证研究，提出了产业集群的衍生效应，并在研究中指出，产业集群所产生的衍生效应加速了集群内企业的专业化分工，产生技术扩散效应，加快了企业的专业化和规模化发展；同时，进一步刺激了集群内企业间的竞争，增强了企业的技术创新活度和研发投入力度。

通过对以上文献的归纳和梳理可以看出，科技型中小企业集群创新的创新效应主要体现在企业和集群的外部规模效应、企业和产品的品牌效应、企业间的知识溢出效应以及合作和竞争效应等方面。通过与企业管理人员和技术人员的交流和沟通，结合我国科技型中小企业创新和发展的具体特点和过程，笔者将科技型中小企业集群创新的直接效应概括为三个方面。

5.1.1 科技型中小企业集群创新的直接效应

科技型中小企业是经济发展中最具活力的群体，是新时期我国开展技术创新、成果转化和知识与信息产业化的重要载体，是培育新兴产业、增加就业和推动宏观经济增长的重要源泉。但是，在促进经济增长、培育新兴产业以及带动社会就业等方面的作用，是科技型中小企业通过生产经营活动产生的最终的作用和效果。在进行了大量的文献调研和理论研究之后，笔者确定了我国广大科技型中小企业集群创新活动所产生的直接效应体现在三个方面，分别是企业知识溢出与研发技术扩散效应、企业产业规模效应和提升产品区位品牌效应。

1. 集群创新的知识溢出与技术扩散效应

知识溢出是指知识的非自愿性扩散，是经济外部性的一种表现。科技型中小企业通过集群创新，加快了人才、信息和技术在集群内的流动，通过各种创新资源的共享，以及非正式组织之间的交流与学习，使得集群内与技术研发和生产经营相关的信息、技术、管理方法等方面的创新和成果能迅速地被各个创新主体共享和仿效。各个企业通过集群优势降低了创新技术的信息搜寻成本和创新风险，为创新活动的开展提供了便利。

一般的科技型中小企业规模相对较小，创新能力也相对有限，通过集群的形式进行创新活动，必须在群内进行大规模、高频率的合作活动。由于共同的利益驱使，使得企业必须将自己的核心技术或者部分技术与其他企业进行共享，或者进行共同的科技攻关活动。一旦某项尖端技术被攻克，集群内各专业细分的企业很快就会协同创新，通过创新网络以及产业链上的互动，使技术创新的信息和知识在集群内得到广泛传播和交流。技术扩散速度的不断加快，在很大程度上也降低了技术创新的转换成本，提高了创新的效率，进而从整体上提升了整个集群的产业竞争力。从大量的实地调研中也可以看出，一定区域内集群企业间的知识溢出和技术扩散的速度、强度明显高于集群外的同类企业。

企业通过集群创新活动带来的知识溢出、研发技术扩散速度和相应的创新效率,是非集群化的企业难以比拟的。

2. 集群创新的产业规模效应

集群创新是科技型中小企业通过聚集而产生的一种特殊的创新形式,在我国区域经济的发展过程中发挥着重要的推动作用。首先,科技型中小企业采取集群创新,在集群内结成紧密联系的创新网络,利用集群的优势参与研发活动和市场竞争,可以降低生产成本,提高产品质量,加强产品的差异化,提高自身的盈利能力,这样可以在原有的基础上不断地扩大生产经营规模,获得更大的收益。其次,由于创新技术成果在集群中的广泛传播和应用,会吸引更多的企业加入集群,从而加快集群地区的人才、技术、信息和先进管理理念的聚集,使得集群的规模不断增大,从而带动相关支持性产业的进一步发展。由于集群内协同竞争作用的加大,集群内的产业竞争力在更大规模的基础上得到进一步强化,在规模经济和外部经济的共同作用下,进一步凸显区域内产业规模的增长效应。

3. 集群创新的区位品牌效应

品牌是一个企业独特的符号,在提高企业和产品的市场知名度、扩大产品的市场占有率等方面发挥着重要作用,单个企业只有不断增加产品技术研发的资金投入和增强自身的技术研发实力,建立起具有一定规模的产品营销网络,才能在业界树立自己的形象和品牌。对于科技型中小企业来说,单个企业很难有强大的实力在市场上树立有影响力的品牌,但是通过集群创新,在区域里建立集群创新网络,就可以通过群体效应来形成区域品牌。区域品牌也可以叫作区位品牌,根植于一定区域的特色产业发展,相对于单个的企业品牌,区位品牌和形象更加有影响力、更加持久。区位品牌对集群内多个企业品牌的精华进行有效的浓缩和提炼,需要集群中的全体企业来共同创造和维护,区位品牌可以由知名的产品品牌、知名的企业家和先进的生产运营与管理模式组成,代表着具有强大研发实力和产品市场竞争优势的综合体。相对成熟的产业集群一般都是由生产和流通性企业、科研院所和各类科技型中小企业、中介服务机构等共同组成,科技型中小企业通过集群创新和利用群体效应,能够推进区位品牌的创立。同时,产业集群可以利用产业规模和区位品牌优势帮助单个中小企业树立形象,参与国际竞争,开拓国际市场。

5.1.2 影响集群创新效应的主要因素与假设

对事物的发展变化和结果产生重要影响的因素通常被分为内部因素和外部因素。外部因素可以为事物的产生、发展和变化营造条件,创造机遇。而内部因素才是事物发展变化的最终决定因素。从科技型中小企业集群创新带来的社会经济效应的角度来看,企业集群创新的环境和资源属于外部因素,而企业自身的竞争力和创新能力才是内部因素,决定着企业创新活动的结果和影响。外部因素与创新结果并不直接关联,但可以通过对其他相关因素产生作用,从而间接地影响创新结果。经过大量的理论研究和实地考察,笔者认为对企业集群的规模与结构产生影响并进一步影响集群的创新能力和间接影响创新结果的外部因素,主要包括集群所处的创新环境和创新资源两个方面。

1. 集群的规模

集群的规模指的是集群拥有或控制利用资源的总量状况,既反映了集群利用资源的广度,也体现了集群的竞争优势。衡量企业集群的规模可以从集群的绝对规模和相对规模两个方面来考虑。企业集群的绝对规模指的是集群中包含成员的绝对数量或者生产规模的总量。企业集群的相对规模指的是集群中企业生产产品的市场占有率。集群规模过小则不能发挥集群创新的优势,集群规模过大则容易引起拥挤效应,导致劳动力、土地和能源等成本的上升。所以在科技型中小企业进行集群创新的时候必须选择适度的集群规模。

适度的集群规模能够使外部经济最大化。首先,由于一定数量的企业加入集群,在一定程度上增加了集群内部的知识存量,致使知识的外部性增强,同时增加了企业员工进行面对面交流的机会,有助于知识的共享与技术的扩散。其次,由于空间上的集聚,在一定范围内拓宽了隐性知识传播的途径,降低了企业知识与技术的获取成本和创新成果的转换成本。再次,由于集群规模具有磁吸效应,集群的优势能够吸引更多的企业加入集群,能够进一步扩大区域的产业规模,在更大程度上实现规模经济与范围经济。最后,由于集群中有一定规模的人才和技术的集聚,能够产生合力作用,提高集群的社会影响力,产生区位品牌效应,增加集群中企业的社会美誉度。所以,笔者在此基础上提出基本假设:

H1:适度的集群规模能够产生加快集群内技术扩散和知识溢出的效应;

H2:适度的集群规模能够产生扩大区域产业规模的效应;

H3:适度的集群规模能够产生集群所在区域的区位品牌效应。

2. 集群的结构

创新集群是一个包括众多中小企业、科研院所和中介机构等具有复杂关系的创新网络,也是一个包括企业的供应商、客户、竞争者和合作者在一起的一个创新群体,各个创新主体因地缘关系而密切联系、合作互动、互惠共生。根据集群中不同的创新主体的作用与所占比重以及对资源的占有情况,集群便形成了不同的结构。集群的结构反映了在集群创新中协作竞争的方式与效率,不仅影响集群中各个主体的行为,而且影响整个集群的创新效果。

首先,如果集群中有一定数量的高校与科研院所与企业结成紧密的合作关系,则通过密切的产学研合作可以加快知识传播的速度,加快技术转让的步伐,使得知识溢出变得更加顺畅。其次,如果集群中的高技术企业比较密集,如果研制出的技术成果能够带来更大的经济效益和社会效益,则该技术成果会在集群中迅速传播,该成果将会在区域内以较低的成本被广泛应用,能够在短期内扩大区域的产业规模,使得集群在规模经济的作用下产生良性循环,进一步提高集群的产业竞争力。最后,由于不同的集群有着不同的集群结构,容易培养出区域的特色产业,形成该区域具有一定影响力的特色品牌,从而能够在特定市场上提高特色产品的市场占有率,产生具有区域特色的区位品牌效应。所以,笔者在此基础上提出基本假设:

H4:适当的集群结构能够加快集群内技术扩散和知识溢出;

H5:适当的集群结构能够扩大区域的产业规模;

H6:适当的集群结构能够树立集群所在区域的区位品牌。

3. 集群的创新能力

集群创新能力是蕴含在产业集群组织结构中的有利于交互式创新活动的知识总和,以及创造和积累新知识等方面的总体能力。集群创新能力是一个集群的生命力得以强化的重要因素,主要包括集群中企业的知识创造能力、创新投入能力、技术开发能力、技术应用能力和创新产出能力等。一个集群中各个创新主体的集群创新能力的高低,将对创新网络的完善程度和功能的发挥产生直接的影响,同时影响集群内部的知识共享与技术扩散速度。创新能力强的集群组织,能够在协作中协调好每个创新主体的创造性,能够高效率地提高创新成果的产业化水平,能够有效地扩大集群的产业规模,能够让每个集群成员通过集群创新活动而受益。同时,在创新能力强的集群组织中,更容易产生明星企业家和明星企业,创造出具有市场竞争力的名牌产品,从而进一步扩大集群的社会影响力,有效地确立区位品牌。所以,笔者在此基础上提出基本假设:

$H7$:较强的集群创新能力能够加快集群内的技术扩散和知识溢出;

$H8$:较强的集群创新能力能够扩大集群地区的产业规模;

$H9$:较强的集群创新能力能够树立集群所在区域的区位品牌。

4. 外部创新环境因素

创新环境是在特定区域内形成并随着科学技术的进步而不断调整的各种社会网络关系的总括。外部环境可以为集群创新创造条件,创新集群的产生发展与企业创新活动的开展离不开良好的外部创新环境。企业的集群创新是一个多环节的技术经济活动,因为集群是一个由众多的科技型中小企业、高等院校、科研院所、中介和金融机构以及相关政府部门组成的创新网络,企业的创新活动不可避免地受到自身所处环境的影响。企业所处的地理环境的优劣、交通设施的完善与否,直接影响企业的活动范围与运营成本。另外,政府推出的一系列优惠政策以及企业集群所在地的政治经济环境,都会对集群的融资与成长产生重要影响,同时影响着企业运营的发展方向。所以,企业所处的外部环境对企业所在集群的创新发展具有重要影响,外部环境的优劣直接影响集群的规模与结构,影响集群企业创新能力的发挥,从而间接地对集群创新效应产生影

响。所以,笔者在此基础上提出基本假设:

$Ha1$:良好的外部创新环境是建立适当的集群规模的重要影响因素;

$Ha2$:良好的外部创新环境是保持合理的集群结构的重要影响因素;

$Ha3$:良好的外部创新环境是增强集群创新能力的重要影响因素。

5. 集群创新资源因素

集群的创新资源主要包括集群中各类技术人才的数量与结构、各种高新技术与实用专利的数量与质量、集群的信息化水平以及各种科技中介服务机构的服务质量和水平等。企业拥有所需的各类专业技术人才是企业具有创新实力的决定性因素,人才是关键,是企业创新发展的根本。集群中拥有大量的各类人才,建立适应新形势企业发展的人才流动和技术交流机制,是激发企业发展活力和提高企业创新效率的前提和基础,是提高企业创新能力的重要因素。因此,拥有创新资源的多寡直接影响集群的规模和结构,间接地对创新效应产生影响。所以,笔者在此基础上提出基本假设:

$Hb1$:充足的集群创新资源是建立适当的集群规模的重要影响因素;

$Hb2$:充足的集群创新资源是保持合理的集群结构的重要影响因素;

$Hb3$:充足的集群创新资源是增强集群创新能力的重要影响因素。

我国各个高新科技园区内的广大科技型中小企业,借助于与产业和规模相近的企业在地理位置上靠近的优势,通过资源共享和优势互补等方式,利用集群的优势进行创新,在弥补单个企业创新资源和能力不足等方面发挥着重要的作用,其创新效应体现在多个方面。通过对广大科技园区内的各类中小企业的实际调研和理论分析,可以总结出其创新效应主要体现在知识溢出与技术扩散效应、增加产业规模效应和提升区位品牌效应等三个方面。同时,集群的规模、结构、创新能力、资源和环境等要素将直接影响企业的创新绩效。随着经济全球化发展的进一步加快,我国科技型中小企业面临的市场和环境将更加复杂,影响企业创新绩效的因素也日趋多样化。在新时期,如何有效识别企业创新绩效的影响因素,如何准确测度各因素对企业创新绩效的影响范围,以采取有效措施帮助企业化解风险、趋利避害等,对于广大科技型中小企业的生存和发展具有重要的现实意义,也为广大的理论研究和政策制定提出了新的课题。

5.2 调查问卷的设计与数据的采集

笔者的实证研究主要是为了验证前文所提出的相关假设,通过问卷调查的方法从企业获取数据进行假设检验,本部分的重点是调查问卷的设计与数据的分析。问卷设计环节的关键问题是每一个潜在变量的测量指标的选取与设计,数据分析环节的关键问题是数据有效性的检验以及选取适当的假设检验方法。

5.2.1 调查问卷的设计

1. 调查问卷的设计过程

调查问卷的设计分为四个步骤:

第一步,通过文献调研和理论分析,在既有的相关研究工作的基础上拟定每一个潜在变量所对应的具体指标,即后文模型中的观测变量,然后设计好问卷的结构和问题,形成初始问卷。

第二步,通过对北京市中关村的部分企业负责人进行访谈,向企业家征求意见,然后与研究团队成员一起对企业家的意见进行讨论,对初始问卷进行修正。

第三步,将修改后的问卷通过电子邮件发送给小部分企业负责人,进行试调查,通过小范围的试调查进一步听取反馈意见,然后继续修改和完善问卷。

第四步,经过几次修改之后的问卷,在确保问卷中的问题简洁、明确、不会引起歧义的前提下,最终定稿。

2. 调查问卷的内容设计

问卷主要分为两个部分:第一部分是被调查企业的基本情况,主要涉及企业的产业类型、成立时间以及简要的财务数据。第二部分是对集群创新效应有影响作用的 5 个变量所对应的各个具体指标和 3 种效应所对应的具体观测指标,共计 8 个变量,每个变量都设计了 4 个具体的观测变量。针对各观测变量,笔者采用 Likert 七级量表的形式对变量进行测量。对于每个观测变量都设计了一句陈述语,并在后面标出"1""2""3""4""5""6""7",分别代表"决不赞同""很不赞同""不太赞同""说不清楚""勉强赞同""比较赞同""非常赞同"7 种意见,然后让被测试者根据自己对问题的理解选择与其意见相对应的数字(具体问卷见附录 1)。

3. 具体变量指标的设计

笔者在实证研究中所作的基本假设涉及 8 个变量,分别是集群外部的创新环境、集群内部的创新资源、集群规模、集群结构、集群创新能力、集群中的技术扩散效应、集群的产业规模、集群的品牌效应,这些变量叫作潜在变量或者名义变量,无法直接测出其度量值,所以只能分解为几项可以测量的具体指标,分解指标叫作观测变量(即操作变量或者显变量)。其中创新环境和创新资源是外因变量,集群规模、集群结构和集群创新能力为中间变量,技术扩散、产业规模和区位品牌为内因变量。

(1) 集群外部的创新环境主要包含集群所在区域的地理位置环境、基础设施共享环境、知识共享环境、人才和技术共享环境以及市场环境等。陈赤平将产业集群的外部创新环境分为制度环境、资源环境、市场环境、知识和技术环境等。考虑到科技型中小企业集群创新的特点,笔者选择集群所在地区的地理位置环境、基础设施环境、创新文化氛围以及当地政府对科技型中小企业集群创新的政策支持等 4 个观测变量来描述外部创新环境。

(2) 集群内部的创新资源主要包括人力资源、财力资源、技术资源与信息资源等。李琳提出,集群内部资源包括集群内部的信息化水平、中介服务机构数量、专业技术人员数量和金融服务机构数量等。经过理论分析与实践调查,笔者将集群内部的创新资源分为集群内的专业技术人才、中介服务机构、实用专利技术和信息化水平等4个观测变量。

（3）集群规模主要通过集群内成员企业的数量及其收益、集群内可共享的资源等要素来反映。笔者认为，集群的规模不能仅仅通过集群中包含的企业数量和员工数量来衡量，还应该考虑集群创新影响力的辐射范围和企业在集群中的关系网络等因素。所以，笔者将集群规模细分为集群中的企业成员数量、企业员工数量、辐射范围和关系网络等4个观测变量。

（4）集群结构反映了集群对创新资源的占有情况和集群中成员的分布状况，同时反映了资源整合中协同效应的深度，常用的衡量标准主要以研发企业在集群中的比重、规模以上企业的比重以及供应链的完整情况来表示。笔者考虑到科技型中小企业集群创新的特点，采用了研发企业的比重、科研院所的比重、规模以上企业的比重以及供应链的完整情况等4个观测变量。

（5）集群创新能力是一个集群的生命力得以强化的重要因素，主要包括集群中企业的知识创造能力、创新投入能力、技术开发能力、技术应用能力和创新产出能力等。吴凯军将集群的创新能力细化为基础技术能力、信息技术能力、战略合作能力和长远发展能力。笔者将集群的创新能力分解为集群的决策能力、集群的研发能力、集群中创新主体之间的合作程度以及市场的开发能力等4个观测变量。

（6）集群创新的知识溢出和技术扩散效应主要是指通过集群创新，集群中的各个成员都可以利用集群优势，低成本获取创新知识与技术，通过集群中的互动学习迅速缩短与先进企业在技术上的差距，提高知识与技术在集群中的转移速度。有的学者将集群创新的知识溢出与技术扩散效应分解为提高企业创新能力、降低创新成本、提高生产效率和增强知识积累水平等。笔者将集群创新的知识溢出与技术扩散效应分解为缩小企业间技术差距、增强企业的吸收能力、提高企业的技术转移速度与降低企业技术获取成本等4个方面。

（7）在扩大集群所在地区的产业规模效应方面，科技型中小企业通过集群创新和低成本的技术转移能够使创新成果在集群所在区域内迅速产业化，对区域经济产生拉动作用和示范性影响，在区域内发展形成优势产业，从而有效地扩大集群所在地区的产业规模。有些学者将扩大地区产业规模效应分解为地区生产规模的扩大、投资总额的增长、生产效率的提高和产业利润的增长等几个方面。笔者借鉴了既有的研究成果，将扩大地区的产业规模细分为地区产业生产率的提高、生产规模的扩大、固定资产投资的增长与产业利润的提升等4个方面。

(8) 树立集群地区区位品牌主要是指在一个区域内某个优势产业经过一段时期的努力,成为该区域企业共有的具有较高市场份额和影响力的知名品牌。笔者将区位品牌细分为集群所在地区拥有的品牌产品、集群中的知名企业、集群中有影响力的企业家以及集群中企业高效率的运营方式等4个方面。

以上对名义潜在变量进行了分析,现对各名义潜在变量与其所属的观测变量之间的对应关系进行归纳,如表5.1所示。

表5.1 潜在变量与观测变量从属关系对应表

名义潜在变量	观测变量	变量名称
集群外部创新环境	创新环境1	地理环境
	创新环境2	基础设施
	创新环境3	文化氛围
	创新环境4	政策支持
集群内部创新资源	创新资源1	技术人才
	创新资源2	服务机构
	创新资源3	实用专利
	创新资源4	信息化水平
集群规模	集群规模1	企业数量
	集群规模2	员工数量
	集群规模3	辐射范围
	集群规模4	关系网络
集群结构	集群结构1	研发企业
	集群结构2	科研院所
	集群结构3	企业规模
	集群结构4	供应链
集群创新能力	创新能力1	决策能力
	创新能力2	研发实力
	创新能力3	合作程度
	创新能力4	市场开发

续表

名义潜在变量	观测变量	变量名称
集群技术扩散效应	技术扩散1	技术差距
	技术扩散2	吸收能力
	技术扩散3	转移速度
	技术扩散4	获取成本
集群产业规模效应	产业规模1	生产率
	产业规模2	生产规模
	产业规模3	固定资产
	产业规模4	产业利润
区位品牌效应	区位品牌1	名牌产品
	区位品牌2	知名企业
	区位品牌3	企业家
	区位品牌4	运营方式

5.2.2　问卷发放与样本选择

笔者的研究对象是科技型中小企业，分析其集群创新的机理与创新效应。考虑到北京市中关村是科技型中小企业的集聚地，分布着两万多家科技型中小企业，所以问卷的调查对象主要是中关村的科技型中小企业。笔者参与了科技部科技型中小企业创新基金管理中心的一个科研项目，通过电子邮件向中关村的企业发放了230份调查问卷，并回收了182份问卷，回收率达到79.13%。其中有效问卷为164份，有效问卷占回收问卷的91.11%，问卷都由公司董事长或者总经理填写，具有较高的可信度。

笔者调查的科技型中小企业主要分布在7个产业领域：电子与信息、软件行业、生物医药、新材料、光机电一体化、资源与环境、新能源。在回收的有效问卷中，各领域的企业数量如图5.2所示。

从回收的有效问卷的分布情况可以看出，本次问卷调查基本上涵盖了科技型中小企业的主要产业领域，其中电子与信息产业的企业数量稍多，共回收了

33家企业问卷,占有效问卷总数的20.12%;最少的是新能源产业领域,共回收了18家企业问卷,占有效问卷总数的10.98%。企业的分布情况比较均匀,具有比较普遍的代表性。

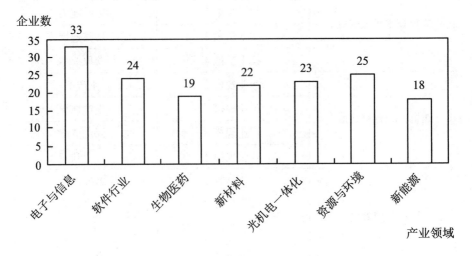

图5.2 有效问卷中的各领域的企业数量

5.3 数据的分析与检验

通过问卷调查采集到的数据是否可信,是实证研究中极其重要的一个问题,因为后续的研究结论都将产生于数据之中。可以说,采集的数据的可靠程度对研究结果具有决定性的意义。

数据的可靠程度一般可以通过数据的信度和效度来描述。数据的信度指的是数据的稳定性和一致性程度,要求反复测量所得到的结果要保持稳定和前后一致,否则得到的结果就不可信。数据的效度指的是检测的正确性,表示通过测量得到的数据能够正确地反映所研究问题的本质和规律的程度。这就要求通过调查所得到的数据结果必须真实地反映测量设计的属性。概括地说,信度是对研究结果的稳定性和一致性的评价,而效度是对测量性质的准确性和调查结果的正确性的评价。信度是效度的基础,效度是信度的目的。为了保证调查问卷中采集到的数据真实、可靠,数据必须经过信度和效度的检验。

5.3.1 问卷数据的信度检验

某次数据调查得到的结果可以表示为其真实值和误差之和,其数学表达式为

$$X = T + E \tag{5.1}$$

其中,X 表示数据的调查结果,T 表示其真实值,E 表示两者之间的误差。可以证明,调查结果的方差等于真实值的方差与调查误差的方差之和,可以用数学公式表示为

$$\sigma_X^2 = \sigma_T^2 + \sigma_E^2 \tag{5.2}$$

其信度定义为真实值的方差在调查结果方差中所占的比重,以 R 来表示信度,其数学表达式为

$$R = \frac{\sigma_T^2}{\sigma_X^2} = 1 - \frac{\sigma_E^2}{\sigma_X^2} \tag{5.3}$$

由式(5.3)可知,调查误差的方差越小,其信度系数越大,调查数据的可信度越高。

在实际应用中,根据实际需要和操作方法的不同,信度可以分为重测信度、复本信度、折半信度、评分者信度和 Cronbach α 系数等多种类型,其中应用最广泛的是 Cronbach α 系数。

Cronbach α 系数可用来测量一组平行数据总和的信度,如果一组数据中所有的数据都反映了相同的属性,则意味着各个观测变量之间具有客观、真实的相关关系,如果某变量与同组中的其他变量不存在相关关系,则表明该变量不属于该组,应排除在变量组之外。

Cronbach α 系数的数学表示公式为

$$\alpha = [k/(k-1)]\{1 - [(\sum \sigma_i^2)/\sigma_t^2]\} \tag{5.4}$$

式中,k 表示所测量的一组变量的数量,$\sum \sigma_i^2$ 表示第 i 个变量观测值的变异数,$\sum \sigma_i^2$ 表示所有变量观测值之和的变异数。从式(5.4)中可以看出,Cronbach α 系数值越高,可信度就越高,在一般的基础研究中,系数高于 0.8 才能够被接

受。可信度与 Cronbach α 系数的对照关系如表 5.2 所示。

表 5.2 Cronbach α 系数与可信度情况对照表

Cronbach α 系数	可信度情况
Cronbach α 系数＜0.3	不可信
0.3≤Cronbach α 系数＜0.4	勉强可信
0.4≤Cronbach α 系数＜0.5	可信
0.5≤Cronbach α 系数＜0.7	比较可信
0.7≤Cronbach α 系数＜0.9	很可信
0.9≤Cronbach α 系数	十分可信

笔者采用 Cronbach α 系数对通过问卷调查得到的 8 个潜在变量所对应的每一组数据的一致性进行监测和分析,其信度的检验过程由统计软件 SPSS 17.0 来实现。

(1) 对集群外部的创新环境运用 SPSS 17.0 软件进行检测,检测结果如表 5.3 和表 5.4 所示。

表 5.3 集群的创新环境总体信度表

Cronbach α 系数	项目个数
0.852	4

表 5.4 各分变量对集群创新环境的信度表

	修正后量表平均数	修正后量表方差	修正项-总相关系数	修正后 Cronbach α 系数
创新环境 1	16.80	3.115	0.659	0.827
创新环境 2	16.82	3.263	0.715	0.803
创新环境 3	16.82	3.116	0.719	0.800
创新环境 4	16.87	3.172	0.681	0.816

由表 5.3 和表 5.4 中的数据可以看出,名义潜在变量集群外部创新环境的 α 系数值为 0.852,所有观测变量的各项检测值都很正常,删去任何一个观测变量都会导致整个外部创新环境的 α 值降低。这表明本书中选取的观测变量都能够有效地解释集群外部的创新环境,采集的数据满足稳定性和一致性原则,所有观测变量都予以保留。

（2）对集群内部的创新资源运用 SPSS 17.0 软件进行检测，检测结果如表 5.5 和表 5.6 所示。

表 5.5　集群的创新资源总体信度表

Cronbach α 系数	项目个数
0.795	4

表 5.6　各分变量对集群创新资源的信度表

	修正后量表平均数	修正后量表方差	修正项-总相关系数	修正后 Cronbach α 系数
创新资源 1	16.45	2.617	0.601	0.746
创新资源 2	16.41	2.709	0.664	0.718
创新资源 3	16.46	2.704	0.566	0.763
创新资源 4	16.39	2.595	0.598	0.748

由表 5.5 和表 5.6 中的数据可以看出，名义潜在变量集群内部创新资源的 α 系数值为 0.795，所有观测变量的各项检测值都很正常，删去任何一个观测变量都会导致整个内部创新资源的 α 值降低。所有观测变量都予以保留。

（3）对集群规模运用 SPSS 17.0 软件进行检测，检测结果如表 5.7 和表 5.8 所示。

表 5.7　集群规模总体信度表

Cronbach α 系数	项目个数
0.840	4

表 5.8　各分变量对集群规模的信度表

	修正后量表平均数	修正后量表方差	修正项-总相关系数	修正后 Cronbach α 系数
集群规模 1	15.05	2.685	0.574	0.846
集群规模 2	15.02	2.533	0.775	0.752
集群规模 3	14.98	2.760	0.682	0.795
集群规模 4	15.09	2.704	0.679	0.795

由表 5.7 和表 5.8 中的数据可以看出，名义潜在变量集群规模的 α 系数

值为 0.840,除了观测变量集群规模 1 之外,其他所有观测变量的各项检测值都很正常,删去任何一个观测变量都会导致整个集群规模的 α 值降低。但是删去集群规模 1 之后,集群规模的 α 系数值仅有微弱上升,考虑到集群规模代表了集群中企业成员的数量,是表示集群规模的重要指标之一,所以该观测变量予以保留。

(4) 对集群结构运用 SPSS 17.0 软件进行检测,检测结果如表 5.9 和表 5.10 所示。

表 5.9 集群结构总体信度表

Cronbach α 系数	项目个数
0.803	4

表 5.10 各分变量对集群结构的信度表

	修正后量表平均数	修正后量表方差	修正项-总相关系数	修正后 Cronbach α 系数
集群结构 1	16.70	2.925	0.511	0.802
集群结构 2	16.74	2.560	0.671	0.727
集群结构 3	16.73	2.615	0.685	0.722
集群结构 4	16.63	2.552	0.612	0.758

由表 5.9 和表 5.10 中的数据可以看出,名义潜在变量集群结构的 α 系数值为 0.803,所有观测变量的各项检测值都很正常,删去任何一个观测变量都会导致整个集群结构的 α 值降低。这表明本书中选取的观测变量都能够有效地解释集群结构,采集的数据满足稳定性和一致性原则,所有观测变量都予以保留。

(5) 对集群创新能力运用 SPSS 17.0 软件进行检测,检测结果如表 5.11 和表 5.12 所示。

表 5.11 集群创新能力总体信度表

Cronbach α 系数	项目个数
0.864	4

表 5.12　各分变量对集群创新能力的信度表

	修正后量表平均数	修正后量表方差	修正项-总相关系数	修正后 Cronbach α 系数
创新能力 1	16.84	3.005	0.674	0.843
创新能力 2	16.83	3.001	0.738	0.817
创新能力 3	16.79	2.856	0.754	0.810
创新能力 4	16.79	3.138	0.689	0.837

由表 5.11 和表 5.12 中的数据可以看出,名义潜在变量集群的创新能力的 α 系数值为 0.864,所有观测变量的各项检测值都很正常,删去任何一个观测变量都会导致整个集群创新能力的 α 值降低,所有观测变量都予以保留。

(6) 对集群的知识溢出与技术扩散效应运用 SPSS 17.0 软件进行检测,检测结果如表 5.13 和表 5.14 所示。

表 5.13　集群的技术扩散效应总体信度表

Cronbach α 系数	项目个数
0.884	4

表 5.14　各分变量对集群技术扩散效应的信度表

	修正后量表平均数	修正后量表方差	修正项-总相关系数	修正后 Cronbach α 系数
技术扩散 1	18.01	3.264	0.718	0.863
技术扩散 2	18.00	3.313	0.783	0.839
技术扩散 3	18.01	3.251	0.752	0.849
技术扩散 4	18.03	3.232	0.741	0.854

由表 5.13 和表 5.14 中的数据可以看出,名义潜在变量集群技术扩散效应的 α 系数值为 0.884,所有观测变量的各项检测值都很正常,删去任何一个观测变量都会导致整个集群技术扩散效应的 α 值降低,所有观测变量都予以保留。

(7) 对集群所在区域的产业规模效应运用 SPSS 17.0 软件进行检测,检测结果如表 5.15 和表 5.16 所示。

表 5.15　集群所在地区的产业规模效应总体信度表

Cronbach α 系数	项目个数
0.854	4

表 5.16　各分变量对集群所在地区产业规模效应的信度表

	修正后量表平均数	修正后量表方差	修正项-总相关系数	修正后 Cronbach α 系数
产业规模 1	18.49	2.730	0.627	0.841
产业规模 2	18.48	2.460	0.702	0.812
产业规模 3	18.44	2.616	0.715	0.807
产业规模 4	18.43	2.456	0.742	0.794

由表 5.15 和表 5.16 中的数据可以看出,名义潜在变量集群所在地区产业规模效应的 α 系数值为 0.854,所有观测变量的各项检测值都很正常,删去任何一个观测变量都会导致整个产业规模效应的 α 值降低,所有观测变量都予以保留。

(8) 对集群所在区域的区位品牌效应运用 SPSS 17.0 软件进行检测,检测结果如表 5.17 和表 5.18 所示。

表 5.17　集群所在地区的区位品牌效应总体信度表

Cronbach α 系数	项目个数
0.823	4

表 5.18　各分变量对集群所在地区区位品牌效应的信度表

	修正后量表平均数	修正后量表方差	修正项-总相关系数	修正后 Cronbach α 系数
区位品牌 1	18.84	1.819	0.622	0.788
区位品牌 2	18.84	1.770	0.621	0.789
区位品牌 3	18.82	1.766	0.684	0.761
区位品牌 4	18.82	1.709	0.661	0.770

由表 5.17 和表 5.18 中的数据可以看出,名义潜在变量集群所在地区区位品牌效应的 α 系数值为 0.823,所有观测变量的各项检测值都很正常,删去任何一个观测变量都会导致整个区位品牌效应的 α 值降低,所有观测变量都予以保留。

5.3.2 问卷数据的效度检验

效度指的是测量的正确性,表示测量或者问卷调查能够反映其代表的构念的程度。效度越高,表示测量或者问卷调查越能反映其代表的内容的真正特征。一般可以将效度分为三种类型:内容效度、效标关联效度和结构效度。

内容效度反映的是测量工具本身内容范围与广度的适合程度,对内容效度的评估需要针对测量工具的目的,用系统的逻辑方法进行分析。效标关联效度指的是测验分数和特定效标之间的相关系数,反映测量工具的有效性程度。结构效度指的是测量工具能够测得一个抽象概念的程度,通常结构效度的检验方法是因素分析法,依据分析指标与其影响因素的关系,从数量上确定各因素对分析指标的影响方向和影响程度。

笔者采取的方法是在一个小范围内发放问卷,同时就问卷中的问题向一些企业家以及相关专家进行咨询,然后对反馈的意见进行整理和归纳,进一步对问卷中的问题进行修正和调整,在确保问题不产生歧义以及具备可操作性之后,才形成正式的调查问卷,所以可以保证本研究的调查问卷具有较高的内容效度。

对于结构效度的检验,笔者采用主成分分析法对影响集群创新效应的因素进行降维,然后提出公因子,进一步分析拟定的 32 个观测变量对应的潜在变量是否为名义变量,确定各个名义变量因素的载荷系数,从而检验本问卷是否具有结构效度。在具体的操作过程中,采用 SPSS 17.0 软件进行分析。

因素分析以变量间的共变关系为依据,笔者主要采用因子分析的方法来检验各个观测变量的收敛性,所以首先要分析是否满足因子分析的条件。采用因子分析法首先要求所抽取的样本具有一定的规模,如研究的总体具有相当的同质性,并且变量的数目不是太多,样本数介于 100~200,样本数至少是变量数的 5 倍。其次,要求变量之间具备一定程度的相关性,较低相关性的变量不适合作因子分析,对于相关性的检验需要通过 Bartlett 球形检验和 KMO 检验来验证。

笔者采集的有效样本数为 164,观测变量为 32,满足样本数大于变量数 5 倍的条件,变量间的相关性检验结果如表 5.19 所示。

表 5.19　KMO 和 Bartlett 球形检验结果

KMO 取样适切性检验值		0.710
Bartlett 球形检验	卡方检验值	2368.907
	自由度	465
	显著性	0.000

由表 5.19 可以看出，KMO 取样适切性检验值为 0.710，大于 0.7，球形检验卡方值为 2368.907，其显著性概率为 0.000，小于 1%，所以适合做因子分析。各个观测变量之间的共同度如表 5.20 所示。

表 5.20　观测变量之间的共同度数值表

	初始公因子方差	提取公因子方差
创新环境 1	1.000	0.662
创新环境 2	1.000	0.733
创新环境 3	1.000	0.753
创新环境 4	1.000	0.716
创新资源 1	1.000	0.652
创新资源 2	1.000	0.692
创新资源 3	1.000	0.586
创新资源 4	1.000	0.590
集群规模 1	1.000	0.586
集群规模 2	1.000	0.813
集群规模 3	1.000	0.717
集群规模 4	1.000	0.693
集群结构 1	1.000	0.510
集群结构 2	1.000	0.714
集群结构 3	1.000	0.742
集群结构 4	1.000	0.674
创新能力 1	1.000	0.694
创新能力 2	1.000	0.746
创新能力 3	1.000	0.761
创新能力 4	1.000	0.694
技术扩散 1	1.000	0.731

续表

	初始公因子方差	提取公因子方差
技术扩散 2	1.000	0.791
技术扩散 3	1.000	0.782
技术扩散 4	1.000	0.747
产业规模 1	1.000	0.611
产业规模 2	1.000	0.708
产业规模 3	1.000	0.736
产业规模 4	1.000	0.772
区位品牌 1	1.000	0.678
区位品牌 2	1.000	0.689
区位品牌 3	1.000	0.736
区位品牌 4	1.000	0.768

由表 5.20 中的数据可以看出,各个观测变量的变异量被共同因素解释的比例都超过了 0.5,说明该问卷有比较好的结构效度。

使用 SPSS 17.0 软件对问卷中所列的 32 个观测变量进行主成分分析,据特征值大于 1 的原则,提取 8 个主成分,累计解释了 76.069% 的变异量。旋转之后的结果依然是 8 个主成分,主成分的位置没有发生改变,因素的完整性增加,解释的比重发生了改变。其结果如表 5.21 所示。

表 5.21 主成分累计解释变异量表

主成分	初始特征值			提取的平方荷载			旋转因子的平方荷载		
	总体	方差百分比	累积百分比	总体	方差百分比	累积百分比	总体	方差百分比	累积百分比
1	3.638	11.736	11.736	3.638	11.736	11.736	3.047	9.830	9.830
2	3.230	10.418	22.154	3.230	10.418	22.154	2.888	9.318	19.147
3	3.075	9.918	32.072	3.075	9.918	32.072	2.848	9.188	28.336
4	2.951	9.520	41.591	2.951	9.520	41.591	2.837	9.153	37.489
5	2.689	8.675	50.266	2.689	8.675	50.266	2.805	9.049	46.538
6	2.464	7.947	58.213	2.464	7.947	58.213	2.616	8.437	54.975
7	1.922	6.201	64.414	1.922	6.201	64.414	2.577	8.313	63.288
8	1.738	5.607	70.021	1.738	5.607	70.021	2.087	6.733	70.021

旋转之后的因子荷载矩阵如表 5.22 所示。在该表中，根据书中各个观测变量对应的名义潜在变量的公共因子进行命名，每个观测变量都收敛于各自对应的潜在变量，各个潜在变量对所属观测变量的解释变异度都超过了 50%，这表明笔者的调查问卷具有较好的结构效度。

表 5.22 旋转后的因子荷载矩阵表

	技术扩散	创新能力	产业规模	创新环境	集群规模	创新资源	集群结果	区位品牌
技术扩散 2	0.886	−0.027	0.020	−0.012	0.034	0.032	0.003	0.042
技术扩散 3	0.862	−0.073	−0.135	−0.041	−0.039	−0.108	0.014	−0.012
技术扩散 4	0.856	0.047	−0.010	−0.016	−0.030	0.003	0.042	0.092
技术扩散 1	0.828	0.036	0.046	−0.089	0.026	0.046	−0.175	0.017
创新能力 3	0.065	0.861	−0.018	0.047	0.056	0.075	0.061	−0.001
创新能力 2	−0.001	0.852	−0.124	−0.054	0.019	−0.005	0.030	−0.008
创新能力 1	−0.037	0.826	0.049	−0.078	0.013	0.005	0.035	0.008
创新能力 4	−0.036	0.822	−0.062	0.089	0.029	−0.022	−0.021	0.065
产业规模 4	−0.038	0.011	0.871	−0.056	0.072	0.025	0.007	−0.045
产业规模 3	−0.042	−0.020	0.842	0.013	−0.087	−0.051	0.054	0.108
产业规模 2	0.009	−0.098	0.830	−0.055	0.044	−0.044	0.038	0.044
产业规模 1	−0.001	−0.039	0.778	0.041	−0.034	0.035	0.011	−0.017
创新环境 3	−0.103	−0.021	0.009	0.858	0.010	0.040	0.036	0.049
创新环境 2	−0.101	−0.017	−0.012	0.845	−0.062	−0.006	0.061	0.030
创新环境 4	0.115	0.039	−0.028	0.807	0.054	0.195	−0.031	0.086
创新环境 1	−0.057	0.005	−0.025	0.764	−0.078	0.254	0.070	0.002
集群规模 2	0.007	−0.054	0.031	0.068	0.893	−0.076	0.024	0.014
集群规模 3	−0.010	0.024	−0.100	0.040	0.831	−0.107	0.047	0.043
集群规模 4	−0.055	0.093	−0.005	−0.028	0.824	0.019	−0.024	0.000
集群规模 1	0.049	0.048	0.060	−0.148	0.736	0.070	−0.080	0.045
创新资源 2	−0.016	0.051	0.076	0.136	−0.035	0.814	−0.022	−0.028
创新资源 1	0.052	0.040	−0.077	0.029	−0.040	0.795	−0.050	0.066
创新资源 3	−0.101	−0.010	0.004	0.092	0.025	0.753	0.001	0.000
创新资源 4	0.048	−0.029	−0.027	0.143	−0.033	0.745	0.018	0.095
集群结构 3	0.043	0.127	−0.023	0.117	0.032	−0.115	0.832	0.050

续表

	技术扩散	创新能力	产业规模	创新环境	集群规模	创新资源	集群结果	区位品牌
集群结构2	0.060	0.028	0.103	−0.050	0.045	−0.033	0.827	0.100
集群结构4	−0.097	0.001	0.008	−0.022	−0.150	0.121	0.791	0.039
集群结构1	−0.091	−0.035	0.019	0.079	0.025	−0.024	0.701	0.025
区位品牌3	0.023	0.003	0.034	0.122	0.121	0.005	0.021	0.839
区位品牌1	0.021	0.019	−0.013	0.034	0.065	0.008	0.092	0.814
区位品牌2	0.086	0.040	0.061	−0.005	−0.091	0.123	0.083	0.804
区位品牌4	0.073	0.054	−0.019	0.048	−0.023	0.067	0.077	0.725

5.4 统计分析方法的选择

笔者提出企业所在集群的外部创新环境、集群拥有的创新资源、集群规模、集群结构以及集群的创新能力等因素都对集群的创新效应产生直接或间接的影响,反映这些影响因素的测量指标很难用客观真实的数据来表示,只能通过调查问卷收集的主观数据来表达,但是这类数据的收集比较困难,而且收集到的数据的准确性还有待于进一步的验证和筛选,然后用经过验证和筛选之后的测量指标的主观数据来反映潜在变量,再对潜在变量之间的因果关系进行研究。这类问题的研究工具,目前比较实用而且有效的是结构方程分析。

5.4.1 结构方程的基本思想

结构方程分析又称为结构方程建模(Structural Equation Modeling, SEM),是近20年来应用统计学领域发展最快的一个学科分支,是一种实证分析模型,是基于变量的协方差矩阵来寻找变量间结构关系的一种统计方法。结构方程式是反映隐变量和显变量的一组方程,其目的是通过显变量的测量来推断隐变量,并对假设模型的正确性进行验证。这种方法被广泛应用于社会学、心理学以及管理学的研究领域,由于在研究过程中会涉及一些无法准确直接测量的变量,故称之为隐变量或者潜变量(Latent Variable)。如果采取传统的统计方法,只能处理一些可以直接测量其数值的显变量(Manifest Variable),对于潜变量的处理则不能奏效,而结构方程却能够同时处理潜变量及其指标。

结构方程中有两个基本的模型:测量模型(Measured Model)和结构模型(Structural Model)。测量模型由潜变量与观测变量组成,观测变量又叫作测量变量或者显变量,是通过量表或问卷等测量工具得到的数据,潜变量是观测变量间形成的特质或抽象概念,无法直接测量,只能通过观测变量的数据来反映。观测变量与潜变量之间的关系可以用如下方程来表示

$$X = \Lambda_X \xi + \delta \qquad (5.5)$$

$$Y = \Lambda_Y \eta + \varepsilon \qquad (5.6)$$

在式(5.5)、式(5.6)中,δ 和 ε 是指标变量 X 和 Y 的测量误差,Λ_X 和 Λ_Y 是观测变量(X,Y)的因素负荷量(Loading),ξ 和 η 分别为外生潜变量和内生潜变量。SEM 测量模型中假定潜在变量与测量误差间不能有共变关系或因果关系路径的存在。

结构模型是潜在变量间因果关系模型的说明,作为因的潜变量称为外因潜变量,以符号 ξ 表示,作为果的潜变量称作内因潜变量,以符号 η 表示。结构方程的结构模型表示为

$$\zeta \eta + \boldsymbol{B} \eta + \tau \xi + \zeta \qquad (5.7)$$

式中,除了外因潜变量 ξ 和内因潜变量 η 之外,ζ 叫作随机干扰项,内因潜变量 η 无法被外因潜变量 ξ 预测或解释的部分,称作残差(Residuals)。$\boldsymbol{B}$ 表示内因潜变量之间的系数关系矩阵,描述内因潜变量之间的互相影响。τ 为外因潜变量系数矩阵,表示外因潜变量对内因潜变量的影响。

在结构方程模型中,研究者根据理论文献或者经验法则建立潜在变量之间的回归关系,先确定潜在变量之间的结构模型,假设潜在变量之间存在着内在的因果关系,再用图的形式表示这种因果关系(称作路径图)。路径图可以利用观测变量的数据将潜在变量之间关系的具体程度用不同的路径系数表示出来,从而检验模型假设的合理性程度。

在构建结构模型的时候,需要遵循以下三条原则:

(1)在建立结构模型的时候,要求理论必须能够正确而且广泛地解释多种

不同的现象。

（2）理论必须是可验证的,能够被检验的理论才具备科学性,才能对可能犯的错误进行修正,才能更加准确地预测现象。

（3）理论必须具备简单性,要求在既有的解释程度之下,能够以较少的概念和关系来表示现象。

结构方程模型能够同时处理大量的复杂方程,可以对一个或多个方程中的自变量进行分解计算,允许自变量和因变量都包含测量的误差值,能够同时估计因子的结构和因子之间的关系,以及估计整个模型的拟合程度等,能够克服传统的统计分析方法不能有效表达潜在变量之间关系的缺陷,所以在现代多个学科领域的实证研究工作中被广泛应用。

5.4.2　结构方程模型在本书中的应用

笔者要分析 164 份有效的样本数据,存在 8 个潜在变量,每个潜在变量又包含 4 个观测变量,为了有效地分析 8 个潜在变量与各自观测变量之间的从属关系,研究潜在变量之间的因果关系及其影响程度,基于结构方程的特点和优点,笔者首先运用 SPSS 17.0 统计软件对模型中各要素及其相互关系进行描述性分析,然后运用结构方程的分析方法,使用 Amos 7.0 操作软件对科技型中小企业集群创新效应的影响因素进行分析。在本书中,主要运用结构方程模型分析以下内容：

（1）运用结构方程模型对多个变量进行同时处理,分析潜在变量与各自观测变量之间的解释关系；

（2）运用结构方程模型对各个潜在的自变量与因变量之间的测量误差进行估计,确立两者之间因果关系的回归矩阵；

（3）运用结构方程对问卷中采集到的潜在变量包含的观测变量的效度和信度进行检测分析,检验数据的合理化程度；

（4）运用结构方程模型描述潜在的自变量与因变量之间关系的路径图,确定路径系数,验证潜在变量之间的因果关系和影响效果；

（5）运用结构方程模型计算潜在变量之间回归方程的回归系数,验证理论模型与现实数据之间的拟合程度。

5.5 假设检验

根据前文理论分析中所作的相关假设,本部分采取结构方程模型来对各个假设进行验证,并通过结构方程的分析,得出各个潜在变量之间的路径系数,对影响集群创新效应的因素进行分析。

潜在变量一共有 8 个,其中集群外部创新环境和集群内部创新资源是外因潜在变量,也叫自变量,与其他潜在变量发生因果关系时,作为"因"变量,其他的由外因潜在变量导致结果的变量叫内因潜在变量,在因果关系中叫"果"变量。本书中的内因潜在变量一共有 6 个:集群规模、集群结构、集群创新能力、技术扩散效应、产业规模效应、区位品牌效应。其中,集群规模、集群结构和集群创新能力 3 个变量是中间变量,是其他 3 个内因潜在变量的"因"变量,是创新环境和创新资源的"果"变量。假设因果关系如图 5.3 所示。

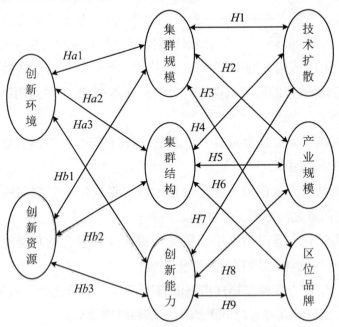

图 5.3　集群创新效应假设关系图

根据结构方程模型的原理,本书中的模型计算可以分为3个步骤:第一步,进行外因潜在变量对中间潜在变量影响的假设检验与回归系数的计算;第二步,进行中间潜在变量对技术扩散、产业规模和区位品牌3个内因变量的假设检验与回归系数的计算;第三步,根据前两步的计算结果,计算每一个"因"变量对最终的效应"果"变量的影响与回归系数。在对前两步进行检验的过程中,每一步都要检验回归方程是否具有显著性,检验回归系数是否满足显著性水平的条件,只有满足了显著性水平的条件才能通过假设检验。

在验证构建的理论模型中变量之间的因果关系的合理性和有效性方面,有大量的拟和指数用于评价和选择模型,其中常用的指数主要有 χ^2(Chi-square test,卡方)、χ^2/df(卡方与自由度的比值)、RMSEA(Root Mean Square Error of Approximation,近似误差平方根)、NFI(Nonmed Fit Index,赋范拟合指数)、TLI(Tacker-Lewis Index,非赋范拟合指数)、SRMR(Standardized Root Mean Square Residual,标准化残差均方根)、CFI(Comparative Fit Index,比较拟合指数)、GFI(Goodness-of-Fit Index,良适性适配指标)、AGFI(Adjusted Goodness-of-Fit Index,调整后的良适性适配指标)、AIC(Akaike Information Criteria,讯息效标)和 CAIC(Consistent Akaike Information Criteria,调整讯息效标)等。考虑到回收的有效问卷是 164 份,在参考了大量的文献之后,决定选取 χ^2/df、RMSEA、SRMR、CFI、TLI 和 GFI 等 6 项指标来进行检验,其评价标准如表 5.23 所示。

表 5.23 结构方程模型适配度指标评价标准表

统计检验指标	χ^2	χ^2/df	RMSEA	SRMR	CFI	TLI	GFI
适配度标准	>0.5	1<χ^2/df<3	<0.8	<0.5	>0.9	>0.9	>0.9

5.5.1 外因变量对中间变量影响的假设检验

假设的外因潜在变量有 2 个,分别是集群外部的创新环境与集群内部的创新资源。中间变量是 3 个,分别是集群规模、集群结构和集群的创新能力。假设的因果结构关系如图 5.4 所示。

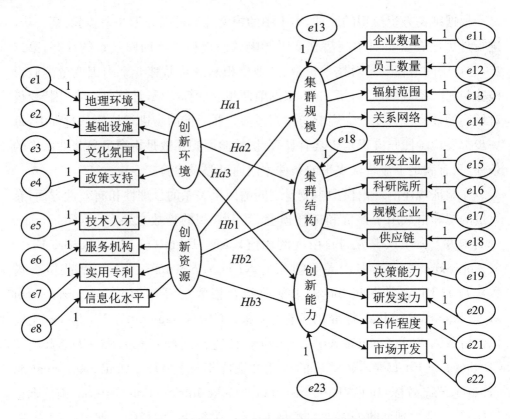

图 5.4　外因变量对中间变量影响的分解结构图

将调查问卷中创新环境、创新资源、集群规模、集群结构和集群的创新能力对应的观测变量的数据输入 Amos 7.0 操作软件之后，模型的检验结果如图 5.5 所示。

经检验后，各观测变量对应的相关名义潜在变量的标准化路径系数及各项残差值如表 5.24 所示。

表 5.24　外因变量对中间变量影响的回归系数估计表

			估计值	标准差 S.E.	组合信度 C.R.	概率 P
集群规模	←	创新环境	0.340	0.123	2.325	0.031
集群结构	←	创新环境	0.261	0.105	2.581	0.027
创新能力	←	创新环境	0.048	0.123	1.799	0.068
集群规模	←	创新资源	0.033	0.102	3.113	0.073
集群结构	←	创新资源	0.206	0.173	2.160	0.042
创新能力	←	创新资源	0.274	0.115	2.141	0.045

续表

			估计值	标准差 S.E.	组合信度 C.R.	概率 P
政策支持	←	创新环境	1.000	0.000	0.000	0.000
文化氛围	←	创新环境	1.089	0.094	11.521	＊＊＊
基础设施	←	创新环境	1.205	0.090	13.453	＊＊＊
地理位置	←	创新环境	1.117	0.091	12.279	＊＊＊
信息化水平	←	创新资源	1.000	0.000	0.000	0.000
实用专利	←	创新资源	1.628	0.502	5.237	＊＊＊
服务机构	←	创新资源	1.619	0.500	5.234	＊＊＊
技术人才	←	创新资源	1.750	0.525	5.240	＊＊＊
研发企业	←	集群结构	0.822	0.100	8.244	＊＊＊
科研院所	←	集群结构	1.054	0.105	10.056	＊＊＊
规模企业	←	集群结构	1.277	0.107	11.887	＊＊＊
供应链	←	集群结构	1.000	0.000	0.000	0.000
企业数量	←	集群规模	0.961	0.068	14.205	＊＊＊
员工数量	←	集群规模	0.988	0.062	16.002	＊＊＊
辐射能力	←	集群规模	0.984	0.058	16.898	＊＊＊
关系网络	←	集群规模	1.000	0.000	0.000	0.000
决策能力	←	创新能力	0.908	0.082	11.081	＊＊＊
研发实力	←	创新能力	0.974	0.076	12.853	＊＊＊
合作程度	←	创新能力	0.866	0.077	11.178	＊＊＊
市场开发	←	创新能力	1.000	0.000	0.000	0.000

注：表中符号"＊＊＊"表示 0.01 水平上显著，C.R. 值即为 t 值。

从表 5.24 中可以看出，所有的观测变量对各自的名义潜在变量的结构系数最大似然估计值都比较高，都可通过显著性检验。但是，根据 $P<0.05$ 和 $C.R.>1.96$ 的标准，其中两条潜在变量之间的路径无法通过检验，一条是创新环境对集群创新能力的关系路径，另一条是创新资源对集群规模的关系路径。所以，应对该模型进行修正，删去这两条路径，通过 Amos 7.0 检验后的结果如图 5.6 所示。

修正后的模型经 Amos 7.0 软件检验后，各个观测变量对应的相关名义潜在变量的标准化路径系数及各项残差值如表 5.25 所示。

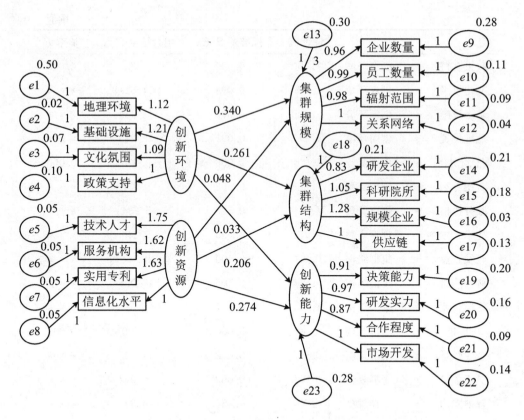

图 5.5 外因变量对中间变量影响的结构方程检验输出图

表 5.25 修正后的外因变量对中间变量影响的回归系数估计表

			估计值	标准差 S.E.	组合信度 C.R.	概率 P
集群规模	←	创新环境	0.364	0.126	2.507	0.024
集群结构	←	创新环境	0.273	0.112	2.435	0.022
集群结构	←	创新资源	0.224	0.154	2.347	0.037
创新能力	←	创新资源	0.291	0.108	2.263	0.041

在修正后的模型中,外因潜在变量与中间变量之间的 4 条路径都满足 $P<0.05$ 和 $C.R.>1.96$ 的标准,达到了显著性水平,所有的观测变量都有残差,其残差估计值如表 5.26 所示。

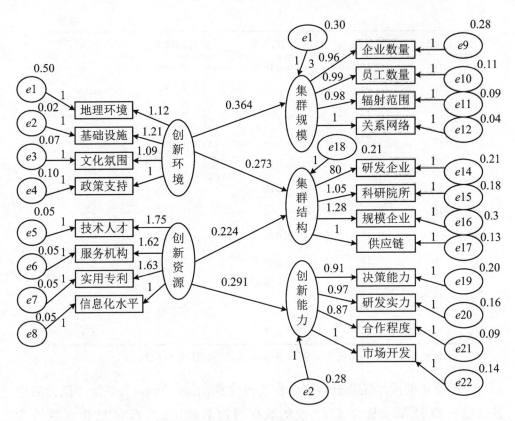

图 5.6　修正后的外因变量对中间变量影响的结构方程检验输出图

表 5.26　残差估计表

	估计值	标准差 S.E.	组合信度 C.R.	概率 P
e23	0.282	0.045	6.301	***
e13	0.295	0.038	7.762	***
e18	0.208	0.037	5.706	***
e4	0.097	0.012	8.294	***
e3	0.070	0.009	7.729	***
e2	0.016	0.005	2.937	0.003
e1	0.050	0.007	6.921	***
e9	0.275	0.031	8.954	***
e7	0.047	0.008	5.745	***
e6	0.049	0.008	5.925	***
e5	0.049	0.009	5.579	***

续表

	估计值	标准差 S.E.	组合信度 C.R.	概率 P
e17	0.132	0.019	7.095	***
e16	0.053	0.019	2.877	0.004
e15	0.182	0.024	7.562	***
e14	0.212	0.025	8.343	***
e12	0.042	0.010	4.361	***
e11	0.094	0.014	6.873	***
e10	0.113	0.016	7.278	***
e9	0.153	0.020	7.835	***
e22	0.125	0.020	6.384	***
e21	0.142	0.019	7.327	***
e20	0.088	0.016	5.495	***
e19	0.161	0.022	7.383	***

注：表中符号"***"表示0.01水平上显著，C.R.值即为t值。

对于修正的模型还要进行拟合程度的检验，通过Amos 7.0软件拟合的指数如表5.27所示。从表5.27中的数据可以看出，虽然GFI的指标数值为0.88，但是非常接近标准数值，其他各项指标均符合标准适配度，说明本模型比较有效地验证了外因变量与中间变量之间的因果关系。

表5.27 模型拟合指数对照表

统计检验指标	χ^2/df	RESEA	SRMR	CFI	TLI	GFI
笔者中拟合指数	1.410	0.50	0.37	0.97	0.94	0.88
适配度标准	$1<\chi^2/df<3$	<0.8	<0.5	>0.9	>0.9	>0.9

5.5.2 中间变量对效应变量影响的假设检验

笔者假设的中间潜在变量有3个，分别是集群规模、集群结构和集群的创新能力。效应潜在变量也是3个，分别是技术扩散效应、产业规模效应和区位品牌效应。假设的因果结构关系如图5.7所示。

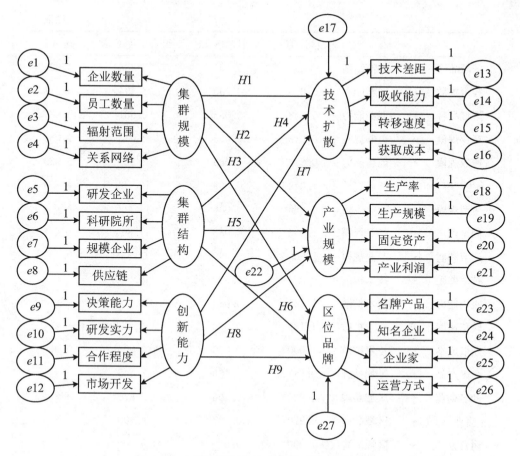

图 5.7　中间变量对效应变量影响的分解结构图

将调查问卷中集群规模、集群结构、创新能力、技术扩散、产业规模和区位品牌对应的观测变量数据输入 Amos 7.0 操作软件之后,模型的检验结果如图 5.8 所示。

经检验后,各观测变量对应的相关名义潜在变量的标准化路径系数以及各项残差值如表 5.28 所示。

表 5.28　中间变量对效应变量影响的回归系数估计表

			估计值	标准差 S.E.	组合信度 C.R.	概率 P
技术扩散	←	集群规模	0.040	0.087	1.601	0.109
区域品牌	←	集群规模	0.275	0.082	2.206	0.031
技术扩散	←	集群结构	0.304	0.065	2.058	0.038
产业规模	←	集群结构	0.129	0.100	1.285	0.199

续表

			估计值	标准差 S.E.	组合信度 C.R.	概率 P
区域品牌	←	集群结构	0.230	0.101	2.288	0.028
技术扩散	←	创新能力	0.225	0.090	2.394	0.016
区域品牌	←	创新能力	0.348	0.085	2.561	0.027
产业规模	←	集群规模	0.242	0.065	2.058	0.035
产业规模	←	创新能力	0.219	0.085	2.227	0.029
生产率	←	产业规模	1.042	0.099	10.488	***
生产规模	←	产业规模	0.986	0.086	11.456	***
固定资产	←	产业规模	1.036	0.088	11.804	***
产业利润	←	产业规模	1.000	0.000	0.000	0.000
技术差距	←	技术扩散	0.957	0.090	10.590	***
吸收能力	←	技术扩散	1.061	0.083	12.799	***
转移速度	←	技术扩散	1.189	0.088	13.451	***
获取成本	←	技术扩散	1.000	0.000	0.000	0.000
名牌产品	←	区域品牌	0.747	0.105	7.145	***
知名企业	←	区域品牌	0.920	0.106	8.675	***
企业家	←	区域品牌	0.970	0.107	9.109	***
运营方式	←	区域品牌	1.000	0.000	0.000	0.000
研发企业	←	集群结构	0.827	0.100	8.237	***
科研院所	←	集群结构	1.055	0.105	10.067	***
规模企业	←	集群结构	1.277	0.107	11.901	***
供应链	←	集群结构	1.000	0.000	0.000	
企业数量	←	集群规模	0.959	0.067	14.218	***
员工数量	←	集群规模	0.984	0.062	15.889	***
辐射能力	←	集群规模	0.982	0.058	16.989	***
关系网络	←	集群规模	1.000	0.000	0.000	0.000
决策能力	←	创新能力	0.901	0.081	11.119	***
研发实力	←	创新能力	0.962	0.075	12.777	***
合作程度	←	创新能力	0.864	0.076	11.303	***
市场开发	←	创新能力	1.000	0.000	0.000	0.000

注：表中符号"＊＊＊"表示0.01水平上显著，C.R.值即为t值。

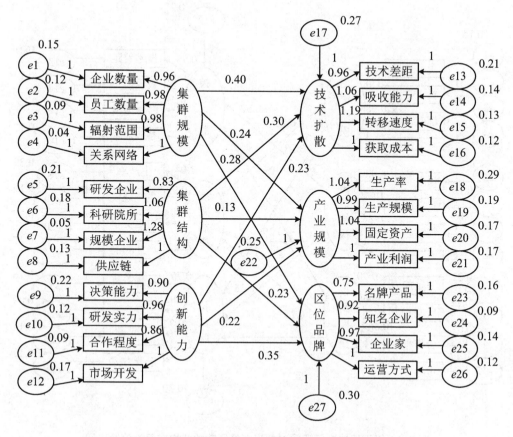

图 5.8　中间变量对效应变量影响的结构方程检验输出图

从表 5.28 中可以看出,所有的观测变量对各自的名义潜在变量的结构系数最大似然估计值都比较高,均可通过显著性检验。但是,根据 $P<0.05$ 和 $C.R.>1.96$ 的标准,其中两条潜在变量之间的路径无法通过检验,一条是集群规模对技术扩散的关系路径,其 P 值为 0.109、$C.R.$ 值为 1.601;另一条是创新资源对集群规模的关系路径,其 P 值为 0.199,$C.R.$ 值为 1.285。所以,应对该模型进行修正,删去这两条路径,通过 Amos 7.0 检验后的结果如图 5.9 所示。

修正后的模型经 Amos 7.0 软件检验后,各个观测变量对应的相关名义潜在变量的标准化路径系数及各项残差值如表 5.29 所示。

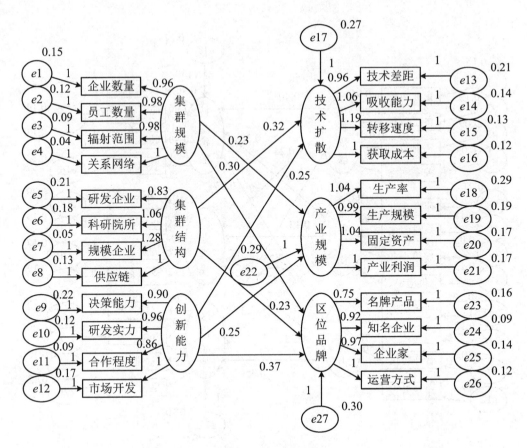

图 5.9 修正后的中间变量对效应变量影响的结构方程检验输出图

表 5.29 修正后的中间变量对效应变量影响的回归系数估计表

			估计值	标准差 S.E.	组合信度 C.R.	概率 P
区域品牌	←	集群规模	0.297	0.071	2.231	0.028
技术扩散	←	集群结构	0.323	0.055	2.243	0.034
区域品牌	←	集群结构	0.231	0.940	2.362	0.026
技术扩散	←	创新能力	0.248	0.088	2.427	0.011
区域品牌	←	创新能力	0.367	0.081	2.614	0.023
产业规模	←	集群规模	0.229	0.059	2.082	0.030
产业规模	←	创新能力	0.251	0.077	2.239	0.024

在修正后的模型中,中间潜在变量与效应变量之间的 7 条路径都满足 $P<0.05$ 和 $C.R.>1.96$ 的标准,达到了显著性水平,所有的观测变量都有残差,其残差

估计值如表 5.30 所示。

表 5.30 残差估计表

	估计值	标准差 S.E.	组合信度 C.R.	概率 P
e27	0.295	0.046	6.370	***
e22	0.247	0.044	5.581	***
e17	0.265	0.043	6.202	***
e16	0.121	0.019	6.287	***
e15	0.130	0.021	6.295	***
e14	0.137	0.020	6.662	***
e13	0.214	0.029	7.373	***
e12	0.171	0.023	7.441	***
e11	0.088	0.019	4.645	***
e10	0.117	0.019	6.236	***
e9	0.217	0.027	7.927	***
e21	0.136	0.025	5.389	***
e20	0.171	0.027	6.295	***
e19	0.188	0.028	6.784	***
e18	0.258	0.032	7.989	***
e8	0.132	0.018	7.137	***
e7	0.054	0.019	2.914	0.004
e6	0.182	0.024	7.489	***
e5	0.211	0.025	8.346	***
e4	0.041	0.010	4.261	***
e3	0.094	0.014	6.931	***
e2	0.115	0.016	7.266	***
e1	0.153	0.020	7.838	***
e26	0.121	0.020	6.224	***
e25	0.140	0.019	7.287	***
e24	0.091	0.016	5.612	***
e23	0.162	0.022	7.398	***

注:表中符号"***"表示 0.01 水平上显著,C.R. 值即为 t 值。

对于修正的模型再进行拟合程度的检验,通过 Amos 7.0 软件拟合的指数如表 5.31 所示。从表 5.31 中的数据可以看出,其中两项检验指标未达到标准,分别是 SRMR 和 TLI,但是和标准数值对照,发现实际指标数值非常接近标准数值,表明该模型检验结果还是有一定的解释作用。其他各项指标均符合标准适配度,从整体上来看,结构方程模型比较有效地验证了中间潜在变量与效应潜在变量之间的因果关系。

表 5.31 模型拟合指数对照表

统计检验指标	$\chi^2/\mathrm{d}f$	RESEA	SRMR	CFI	TLI	GFI
笔者中拟合指数	1.842	0.615	0.52	0.93	0.84	0.96
适配度标准	$1<\chi^2/\mathrm{d}f<3$	<0.8	<0.5	>0.9	>0.9	>0.9

5.5.3 假设检验的综合评价

本章对结构方程模型进行分解检验,结果显示两个分解模型中各有两条路径假设未通过检验,分别是集群外部创新环境对集群的创新能力的影响,集群内部创新资源对集群规模的影响,集群规模对知识溢出与技术扩散的影响,集群结构对扩大地区产业规模的影响。其余的 11 条路径假设都得到了验证。从模型的拟合指数来看,两个分解模型的拟合指数分别有一个和两个未达到可参考的标准数值,但是差别非常微小,因此可以肯定笔者建立的理论模型是可信的,假设检验的结果对事实的解释具有一定的实用价值和现实意义。现将书中各个因素变量对效应变量的路径系数进行计算,结果如表 5.32 所示。

表 5.32 综合评价路径系数表

路径	路径系数
创新环境→技术扩散	0.273×0.25=0.068
创新资源→技术扩散	0.224×0.32+0.291×0.25=0.136
集群结构→技术扩散	0.323
创新能力→技术扩散	0.248
创新环境→产业规模	0.364×0.23=0.082

续表

路　径	路　径　系　数
创新资源→产业规模	0.291×0.25＝0.073
集群规模→产业规模	0.229
创新能力→产业规模	0.251
创新环境→区位品牌	0.364×0.30＋0.273×0.23＝0.172
创新资源→区位品牌	0.224×0.23＋0.291×0.37＝0.159
集群规模→区位品牌	0.297
集群结构→区位品牌	0.231
创新能力→区位品牌	0.367

由表5.32可以看出，在笔者建立的理论模型中，对集群创新效应有影响的5个主要因素中，集群外部的创新环境通过影响集群规模和集群结构，间接地对知识溢出与技术扩散效应、地区产业规模的增长效应和树立区位品牌效应产生影响，其中对树立区位品牌的效应作用明显。集群内部的创新资源通过对优化集群结构和提升集群创新能力因素的影响，间接地对集群创新的3种效应都产生了影响，其中影响最大的是树立区位品牌的效应，然后是在加快知识溢出和技术扩散方面的效应也比较明显。由此可以看出，创新环境与创新资源对区域品牌的影响最大，进而也验证了一个高新技术产业开发区拥有的独特的创新资源与创业环境，对于科技型中小企业的创立与发展、吸引外商投资、提高地区产品与企业的知名度等方面至关重要。

同时也可以看出，在高技术产业开发区内集群的发展规模主要受到集群创新环境的影响，创新环境中企业所处的优越的地理位置与完善的基础设施，为集群规模的形成提供了物质基础，在地区特有的创新与创业文化的熏陶下，以及政府的各项鼓励政策的引导下，很容易使科技型中小企业形成适当的集群规模，从而产生各种创新效应。集群的结构受到外部的创新环境与集群内部的创新资源影响都比较大，其中地区的创新与创业文化和政策支持为形成合理的集群结构提供了软环境，而各种人才、技术和信息等创新资源对集群的结构形成产生直接影响，影响到集群中各个创新主体的成分与比重。在集群的创新能力方面，主要受到创新资源的影响，必要的人才、技术和信息等要素决定了集群的创新能力的高低，是提升集群创新能力的关键因素。

在科技型中小企业集群创新的知识溢出与技术扩散效应方面,创新环境、创新资源、集群结构和集群的创新能力等因素对其都有影响,由表5.32可以看出,集群结构影响最大。在现实中,集群中各个创新主体的构成情况、各个创新主体在创新网络中的合作的紧密情况以及合作方式等都会对知识溢出与技术扩散效应产生直接影响,影响知识与技术的扩散方向、扩散速度以及知识的获取与技术的转移成本等方面。

在扩大地区的高技术产业规模效应方面,主要影响因素有集群内外的创新资源与创新环境、集群的规模和集群的创新能力等,集群内外的创新资源与创新环境为产业规模的扩大提供了必要的物质条件,而集群的创新能力可以形成适当的集群规模,充分整合集群中的一切创新资源与有利条件,在资源共享和优势互补的条件下产生合力,从而能够在短时期内提高集群的创新效率,不断地扩大集群内各个企业的产业规模,产生规模效应,同时也会催生新的科技型中小企业,或者吸引其他的企业加入集群或进驻集群所在的地区,从而令地区的高科技产业在原有的基础上不断扩大,并利用集群创新的优势不断地提升地区的产业竞争力。

在树立地区的区位品牌方面,由表5.32可以看出,笔者所列的5个因素对其都有影响,其中创新环境与创新资源所起的是间接的影响作用,影响力不如其他3个直接的影响因素。在集群规模、集群结构和集群的创新能力3个直接的影响因素中,集群的创新能力影响力最大,因为集群的创新能力是推动集群创新活动顺利开展的内因,起的是主要作用。集群创新能力的高低,直接决定了企业所生产产品的质量和水平,而集群中企业的组织管理水平与企业运营模式是催生知名企业家的土壤。所以,集群拥有较强的创新能力,能够树立集群所在地区的外在形象,创立地区的区位品牌,产生一定的社会影响力,是集群创新效应中最活跃的影响因素。

第6章 促进我国科技型中小企业集群创新的对策研究

6.1 我国高新科技园区的发展状况

6.1.1 企业的集群化程度较低

由于我国科技园区的很多企业是受土地出让和税费减免等优惠政策吸引而入驻高新科技园区的,导致进入园区的中小企业对于内部创新机制方面的建设不够重视,对于所在园区的根植性不够强烈。当科技园区的土地成本和劳动力价格以及各项优惠政策发生改变时,该类企业可能会向其他地区转移,长此以往,很难培养出地区的明星企业。再加上园区内的科技型中小企业的横向联系不够,一些拥有先进技术的企业很少与其他企业进行研发合作,致使园区内的集群创新网络发育得不够健全。

6.1.2 集群的创新能力较弱

由于科技型中小企业生产的产品生命周期比较短暂,创新产品会比较快地达到成熟阶段。当创新产品达到成熟阶段时,产品的利润将会降低,企业间的竞争就会加剧,为了保持或者提高自己的产品利润,一些企业可能会离开其所在的高新园区,入驻劳动力成本或其他成本更低的园区,这就导致高新科技园区的持续创新能力不强,园区的集群创新活动难以持续。

6.1.3 园区内企业集群的价值链整合程度不够

由于大多数科技型中小企业的规模较小,产品结构比较单一,园区内各类企业的产业关联度较低,很多企业是受土地价格、运输成本和政府政策的优惠而聚集在一起的,一定区域的中小企业之间缺乏共性的技术与产品,不能形成完整的价值链,难以构建专业化的分工体系,致使企业之间关系疏远,缺乏协同创新效应。

6.1.4 园区的产学研合作机制不够完善

虽然一些高新科技园区内或者邻近地区有一些相关的高等院校和科研院所,但是由于区域内缺乏良好的互动合作机制,导致高等院校与科研院所的科研成果长期保留在实验室,找不到产业化的途径。同时,由于各种管理体制的原因,一些企业的科研合作项目仅仅局限于一定系统内的联合开发,对高新科技园区的高校与科研院所等智力资源缺乏有效利用,导致广大企业与科研机构之间处于长期隔离的状态。

6.1.5 集群地区的区域文化发展滞后

由于高新技术产业园区的科技型中小企业在进行科技创新活动时，都是在自身利益的驱使下进行创新合作策略的选择，各个创新主体之间缺乏合作互信的基础，园区内也缺乏共同的企业行为规范的约束，针对园区的法律法规建设还不够完善，再加上企业之间的信息交流不够顺畅，导致企业缺乏充足的合作伙伴的信息，因此企业难以准确地找到可以信任的创新合作伙伴，企业的根本利益难以得到有效的保障。

6.2 促进高新科技园区集群创新的对策研究

企业选择集群创新的动力主要来自企业间竞争的压力、市场需求的拉力、政府的推动力、科学技术的推动力和创新文化的推动力等。在形成集群创新网络之后，在企业之间合作创新的过程中，对企业创新策略的选择起关键作用的是合作双方对创新活动中收益与成本费用之间的权衡与竞争。如果仅仅依靠企业自发地形成集群创新网络，在各自利益最大化的原则下来进行创新策略的选择，则集群创新活动很难顺利地进行下去，达不到集群创新应有的社会和经济效益。所以在促进我国科技型中小企业集群创新的过程中，必须由政府在宏观政策方面加以引导和协调，需要政府出面制定和完善相关的政策法规，加强各类基础设施的建设，强化各类科技人才和管理人才的培训，协调好企业与各个创新主体之间的利益关系，建立和完善科技中介服务体系和营造有利于集群创新的文化氛围等，为广大的科技型中小企业的创新和发展创造良好的外部环境，为集群创新的开展提供良好的人才、技术和信息等资源，保证集群创新活动能够有效地顺利进行。

6.2.1 建立和完善相关的法律法规体系

拥有完善的法律法规体系是科技型中小企业进行集群创新活动的必要条件之一。从笔者实证研究的结论中可以看出，外部环境对产生良好的集群创新效应发挥着重要的影响，而与中小企业创新发展相关的法律法规体系的完善与否，直接关系着企业外部创新环境的优劣，影响着广大科技型中小企业的生存空间与发展方向，所以为了引导科技型中小企业更好地创新与发展，必须加强相关的法律法规体系的建设。

我国的科技型中小企业具有高投入、高成长、高风险、高收益以及较强的创新性等特点，是我国国民经济的重要组成部分，在调整和优化我国的产业结构、促进科技成果转化、带动就业和增加财政税收等方面起到了重要作用。经过改革开放40多年的发展，科技型中小企业已成为我国技术创新的一支主要生力军。但是对于科技型中小企业的创新活动，却缺乏完善的法律体系加以保护。自改革开放以来，为了鼓励创新和推动国家科技进步，建立创新型国家，我国相继出台了一系列的法律和条例，如《中华人民共和国合伙企业法》《中华人民共和国科学技术进步法》《中华人民共和国公司法》《关于促进科技成果转化的若干规定》和《关于鼓励和促进中小企业发展的若干政策意见》等，但这些法律和条例大多是一般的鼓励或者引导意见，在现实中往往缺乏可操作性，对广大的科技型中小企业的创新与创业活动难以发挥全面的指导作用。

2003年1月1日，国家颁布了《中华人民共和国中小企业促进法》，这是新形势下国家保护中小企业发展的专门法律，其对中小企业的调整范围、扶持重点以及扶持政策等方面都作出了详细规定，对中小企业的成长和发展起到了积极的促进作用。近年来，国家实施了"大众创业、万众创新"战略，国务院和相关部委制定了一系列促进科技型中小企业发展的政策措施。例如，2015年科技部出台《科技部关于进一步推动科技型中小企业创新发展的若干意见》，为推动广大科技型中小企业技术创新、激发企业活力和促进企业健康发展，提供了一系列政策支撑；2019年4月，中共中央办公厅、国务院办公厅印发《关于促进中小企业健康发展的指导意见》，为了纾解中小企业困难，稳定和增强企业信心及预期，加大创新支持力度，提升中小企业专业化发展能力和大中小企业融通发展水平,《关于促进中小企业健康发展的指导意见》从企业融资、财税政策、组织保障和统筹协调等多方面明确地提出了指导性措施;2019年8月,科技部出台了《关于新时期支持科技型中小企业加快创新发展的若干政策措施》,为加快推动民营企业特别是各类中小企业走创新驱动发展道路,增强技术创新能力与核心竞争力,以培育壮大科技型中小企业主体规模、提升科技型中小企业创新能力为主要着力点,针对完善科技创新政策,加强创新服务供给,激发创新创业活力,提出了17项具体实施措施。

科技型中小企业作为一类特殊的中小企业,其成长和发展具有特殊的规律和特征,再加上大多数科技型中小企业又都是民营企业,国家在该类企业的创新与发展等方面制定的法律仍不完善,造成了目前科技型中小企业在创新活动中,常常依靠市场机制的作用来开展企业的创新活动,企业的很多权益难以得到保护,尤其是科技型中小企业的创新活动具有很大的风险性,失败率很高,一旦创新取得成功,会带来巨大的社会效益和经济效益;反之,则企业付出的成本和损失只能自己来承担,所以在一定程度上影响了企业进行创新活动的积极性。采取集群创新的模式,虽然可以利用集群的优势,由合伙企业共同承担风险,但是企业的创新行为缺乏法律规范,在各个创新主体的利益无法协调一致的情况下,很难保证集群创新活动的顺利开展。所以为了能够更加有效地引导和促进科技型中小企业的创新活动,需要一部可操作性强的关于创新方面的专项法律,用以规范企业的创新行为,保护企业合法权益,使企业的创新和创业活动能够在法律的框架内进行,为企业创造完善的外部法律环境,确保我国科技型中小企业创新活动的可持续发展。

6.2.2 加强有利于企业集群创新的各类基础设施建设

科技型中小企业的创业与发展对地址的选择是有严格要求的,要求企业的聚集地必须拥有适合企业发展的比较完善的基础设施。如果一个地区的交通、通信、能源、网络和原材料供应等基础设施比较完善,就能吸引更多的企业落户;如果一个地区的基础设施长期得不到改善,企业考虑到自身的成本,为了谋求更好的发展,也会向基础设施更加完善的地区转移。所以一个地区的基础设施的完善程度对地区高技术产业的发展具有重要影响。

为了更加有效地加快地区高技术产业的发展，地区政府应该在改造基础设施方面加大投入力度。基础设施建设不仅包括交通、能源等有形的硬件设施的改造，还包括完善地区对科技型中小企业创新与创业活动的服务体系，提高本地区的服务质量和服务水平，为企业的创新活动提供政策上的支持与帮助，以优越的基础设施和高水平的公共服务来吸引更多的科技型中小企业前来创业，这样才能让集群的规模不断扩大，形成比较完整的集群结构，增强企业创新的集聚效应，从而有效地促进地区经济的健康发展。

6.2.3 加大技术创新基金对企业的扶持力度

科技型中小企业由于自身条件的限制与外部环境的局限，面临着重重困难，尤其是在初创期，困难更多，其中融资难问题是每个企业都无法回避的瓶颈问题，很多企业由于不能融到足够的发展资金而无法渡过"死亡谷"，最终导致企业中途夭折或者创新活动失败。因此，资金问题是科技型中小企业在初创期面临的最大的发展问题，直接关系着企业的生死存亡。

为了鼓励创新、支持创业、帮助企业顺利渡过"死亡谷"，国家科技部和财政部于1999年6月正式启动了科技型中小企业技术创新基金（以下简称创新基金），旨在切实解决企业的融资难问题，扶持和引导科技型中小企业的技术创新活动，促进科技成果的转化，加快高新技术产业化进程，从而带动和促进国民经济健康、稳定、快速发展。创新基金在初设时，计划每年投资十亿元对一批自主创新性强、技术含量高、市场前景好的企业项目进行支持。随着该项政策的深入贯彻和逐步实施，后期发展到对初创期微型企业的创新项目、一般创新项目、重点项目、西部欠发达地区企业项目和中介服务机构等多方面的支持。创新基金在1999~2015年的运行时间里，引导和带动了更多的地方和社会资金对科技型中小企业进行投入，取得了非常明显的成效，达到了预期的政策目标，帮助了一批企业走出困境并不断发展壮大。

虽然创新基金的实施取得了良好的社会经济效应，但是从实践中可以看出，经过项目申报与专家评审，真正能够得到创新资助的企业项目还是少数，更多的企业由于创新基金额度限制而难以得到资助。尽管后期国家在基金资助方面的投入持续地加大，但是相对于全国的科技型中小企业的需求来说，这笔政府专项资金仍是杯水车薪,无法满足更多的企业需求。在 2015 年之后,针对企业创新项目的资助尚未出台新的扶持措施,尽管各地方仍在持续不断地支持中小企业的创新发展,但是在国家层面上还缺乏新的政策措施对科技型中小企业的成长和创新发展提供资助和扶持。因此,为了扶持更多的科技型中小企业走出融资难的困境,帮助这些企业顺利开展创新活动,政府还应在扩展创新基金的融资渠道上下功夫,不能够仅仅靠财政拨款,应该进一步放大国家创新基金的示范效应,引导更多的社会资金以及风险投资基金对科技型中小企业加大投入,尽可能地扩大基金资助的覆盖面,使更多的企业从中受惠。

6.2.4 优化科技型中小企业的融资环境

解决企业融资难的问题,不能单一地依靠创新基金的资助,政府还应该通过其他渠道帮助企业融资。关于进一步拓展科技型中小企业的融资渠道问题,笔者提出以下几点建议:

(1) 政府可以通过多种形式引导社会力量建立社会信用担保机构,健全信用担保机构的运行机制,在保证担保机构的利益不受损害的前提下,为科技型中小企业的银行贷款提供担保。同时,政府通过宏观调控,在商业银行中建立专门针对科技型中小企业的专项创新贷款项目,降低科技型中小企业贷款的门槛和限制条件,帮助企业及时地筹集到创新所需资金,让担保机构监督企业用好贷款资金。

(2) 政府可以引导更多的社会力量成立风险投资公司,或者依托大型国有企业出资、社会投资等方式成立风险投资公司,为科技型中小企业的创新与创业活动投入资金,用以弥补企业在天使投资不足的情况下对资金的需求。同时建立资金返还机制,在创新活动取得经济效益之后,企业将一定比例的资金返还给投资公司,确保风险投资公司的正常运营。

(3) 建立促进科技型中小企业创新发展准备金,支持科技型中小企业的创新和创业活动,实行准备金的有偿使用,滚动发展。准备金可以从多种渠道筹集,首先是国家财政拨款,国家在每年的财政预算中预留一笔款项注入发展准备金中;其次,按一定比例从科技型中小企业的运营收入中抽取;再次,通过在国有企业改制中出售国有资产来筹集;最后,可以考虑在创新基金中再设立一个发展准备金专项等。

6.2.5 完善社会科技中介服务体系

科技型中小企业的创新与创业活动离不开科技中介服务机构的支持和帮助,科技中介服务机构主要是指在社会经济的运行和发展过程中沟通政府、企业、科研院所、供应商以及顾客等各个创新主体之间的信息交流、协调各方行为的社会机构或组织。科技中介服务机构以专业化、社会化、市场化和网络化为特征,与各个创新主体和要素市场紧密联系,为他们提供专业化的服务。完善科技中介服务体系,为企业提供信息咨询、技术转移、人才培训和创业辅导等全方位的服务,对于提高企业的创新能力,增进企业与各个创新主体之间的交流与合作,扩大集群创新的社会效应等方面都具有重要意义。

目前,我国的科技中介服务机构从服务功能上大体可以分为三类:一是在服务的过程中直接参与企业创新活动的服务机构,比如生产力促进中心、工程技术研究中心和创业服务中心等;二是为了促进科技创新资源的流动,为创新活动进行资源配置而提供服务的机构,比如人才交流服务中心、各类专业化的技术市场和技术转移中心等;三是利用自身的专业技术和信息优势为企业提供咨询服务的中介服务机构,比如信息情报中心、专利事务所、科技评估服务机构和科技咨询机构等。随着科技创新活动的持续发展,还将出现更加多样化的科技中介服务机构。

从目前我国从事科技中介服务的机构数量来看,呈现出比较迅猛的发展势头,但是从服务功能来看,定位还不够明确,在科技创新中的作用还不够明显,科技中介的市场地位还没有完全形成,各种行业协会也没能真正发挥作用,服务人员的队伍建设还需要加强。所以为了更加有效地促进科技型中小企业的集群创新,必须充分发挥各类科技中介机构的服务功能,使之成为集群中各个创新主体加强沟通的强梁和纽带,通过中介服务机构构建一个信息共享和交流的平台,实现企业间技术、信息与资源的共享,进一步促进各个创新主体之间的各种非正式的沟通和学习,增进了解,加强信任,为集群创新营造一种健康和谐的文化氛围,使得企业之间产生一种认同感,从而促进集群创新活动的深入开展。

6.2.6 引导和促进区域内的产学研合作

我国的科技型中小企业由于受到人才、资金和设备等创新资源不足的限制,虽然企业具有一定的创新能力,但是在创新过程中包括人、财、物等方面的资源投入有限,创新活动的规模不够,风险承担能力不足,很难达到预期的目的。所以在进行创新活动的时候,必须选择与其他企业或科研机构结盟的形式进行集群创新,从而实现资源共享、优势互补、风险共担、合作共赢的创新目标。而产学研合作就是实现这一目标的有效方式。

产学研合作是在政府的宏观控制和引导之下,通过企业与高等院校、科研院所等研究机构之间在信息、技术和人才方面的有效融合,以科学研究和技术研发为目标,实现产业链的上、中、下游的对接和融合的技术创新过程。通过产学研合作,可以充分发挥各个创新主体的优势,加快新知识和新技术的创造与扩散,对于人才培养、产品研发、树立区位品牌和提高企业的创新能力具有重要意义。

目前,我国的科技型中小企业在产学研合作方面虽然取得了一定的效果,但是也存在着明显的不足,主要表现在产学研合作上未形成一个严密的体系,合作的范围有限,合作方的结合程度不够紧密,绝大多数企业与高校和科研院所的合作仅仅是聚焦在某些科研项目上,项目研发结束之后便没有过多的联系,缺乏一种长效合作机制。再加上合作方受自身利益的驱使,在目标不一致的情况下,产学研合作很难达到理想的目标,甚至难以进行下去。所以,为了有效地促进集群创新、加强产学研合作,需要政府发挥宏观调控作用,通过行政管理手段或者财政补贴等来协调合作方的利益分配关系,通过构建创新合作平台,促进企业与高校、科研院所之间人才、信息和知识的合理流动,建立产学研监督机制和信用评审机制,为集群中的产学研合作提供保障。

6.2.7 营造有利于集群创新的文化氛围

每一个企业都有自己特有的组织文化,企业的组织文化体现了企业的价值观与凝聚力,体现了组织成员的行为规范,包含了企业的目标与追求。同企业组织一样,一定地区的产业集群也有自己独特的文化氛围,由于集群中相同产业或相关产业的创新主体在地理位置上的靠近,在相互影响和相互渗透的过程中形成了企业间共同的价值理念与诚信准则,从而在日积月累中形成了区域独特的集群创新文化,这种文化进一步强化了集群内企业之间的相互信任,规范了企业行为,从而维持集群内企业在技术创新过程中的联系与合作。

先进的文化能够给集群带来不断创新发展的动力,能够给集群营造一个诚实守信的舆论环境,能够加深集群中各创新主体之间的密切合作与融合,能够赋予集群创新更加深刻的内涵,不断地将集群创新引向深入。一个文化缺失的集群是没有凝聚力和创造力的,即便有短期的集群内创新合作也难以长久。所以不断强化集群文化,加强舆论宣传,营造一个诚实守信、积极向上的集群文化,是集群内各创新主体和相关政府部门的共同责任。

在为集群营造先进文化氛围的过程中,政府部门应加强宣传和引导,要为集群内的企业树立正确的道德规范和行为准则,为集群营造兼收并蓄、诚实守信和鼓励创新、宽容失败的文化氛围,树立一种正确的价值观念,尊重每一个创意和创新行为,不以成败论英雄,将失败当作一次探索、一次学习的过程。同时政府还应出面组织一些地区性的文化交流活动,尽可能地为集群内的成员多创造一些学习与沟通的机会,帮助集群内的成员建立起互动互信的关系,使所有成员都有一种认同感和归属感,从而进一步强化集群中的凝聚力和创新力。

第 7 章 结论与展望

7.1 研究结论

笔者以科技型中小企业集群创新的机理与效应为研究对象,通过文献调研、归纳演绎、模型构建、逻辑推理与实证分析等,系统地分析了科技型中小企业在生命周期各个阶段的主要特征,及其在推动我国经济与社会发展过程中的作用,指出了我国科技型中小企业在成长和发展过程中存在的主要矛盾和问题,然后在借鉴国内外较具特色的产业集群的发展经验的基础上,分析了我国发展科技型中小企业集群创新的必要性和可行性,并对科技型中小企业集群创新的产生机理、动力机制、一般过程和运行机制等方面展开深入分析和研究。在理论分析的基础上,通过实证研究,揭示了对集群创新效应产生影响的主要因素,并就各个影响因素对集群创新效应的影响力大小进行分析,最后阐述了各级政府应完善企业外部创新环境方面的制度建设,从而有效地促进科技型中小企业的集群创新。

主要研究结论如下:

(1) 集群创新是科技型中小企业进行技术创新的一种有效组织模式。因为科技型中小企业集群创新具有创新资源的易获得性、知识溢出和技术扩散效应、创新活动的低成本优势、中间组织模式效应等竞争优势,借助这种创新组织形式,集群内的科技型中小企业既可以发挥自身的创新活力,又可以弥补单个企业创新资源的不足,所以集群创新是我国广大科技型中小企业开展技术创新活动的正确选择。

(2) 集群创新的动力是与集群创新的竞争优势分不开的,科技型中小企业之所以选择集群创新这一有效的组织模式,其原因在于以下几个方面:第一,由于集群内存在竞争效应,竞争的压力构成了集群创新的直接动力。第二,由于市场需求的拉力,市场对某些产品的需求信息会通过技术链条在产业链的上、下游迅速传递,从而带动相关的中小企业在共同的目标下进行共同创新。第三,由于政府的推动力,政府通过政策的制定和实施,推动产学研合作,为企业搭建合作创新平台,从而有效地推动科技型中小企业的集群创新。第四,由于区域内创新文化的激励,科技型中小企业受到一个地区特有文化熏陶和价值观的影响,会在特有氛围中形成具有共同价值观的创新集群,从而培育企业的创新精神和创新动力,促进广大科技型中小企业集群创新活动的深入开展。

(3) 集群创新网络中的各创新主体在进行创新策略的选择时,主要受创新活动投入的成本费用以及创新收益的共同影响。创新主体在集群创新过程中的策略选择是个动态的学习过程,当双方的收益与成本满足特定的条件时,经过几轮博弈,双方的创新策略的选择才能趋于稳定。要想改变合作双方创新策略的选择,必须通过政府对集群创新活动施加财政补贴或税收减免等手段,改变双方的创新投入与创新收入的平衡点。

(4) 我国科技型中小企业集群创新的直接效应主要体现在知识溢出与技术扩散效应、产业规模增长效应和提升集群地区的区位品牌效应等方面,对集群创新直接效应产生影响的主要因素有集群外部的创新环境、集群内部的创新资源等间接因素,以及集群规模、集群结构和集群的创新能力等直接因素。其中集群结构对知识溢出和技术扩散的影响最大。在扩大集群地区产业规模效应方面,主要受到创新环境、创新资源、集群规模和集群创新能力的影响,其中集群创新能力的影响较大。在提升集群地区的区位品牌方面,五种因素都起作用,其中集群创新能力的影响更大一些。

(5) 为了进一步促进我国广大的科技型中小企业开展集群创新活动,政府通过建立和完善相关的法律法规体系,加强有利于企业集群创新的各类基础设施建设、加大技术创新基金对企业创新活动的扶持力度和优化科技型中小企业的融资环境、完善社会科技中介服务体系、引导和促进区域内的产学研合作、营造有利于集群创新的文化氛围等手段,为科技型中小企业的集群创新活动创造良好的外部环境。

7.2 研究的不足与未来的研究方向

笔者虽然通过理论与实证相结合的方法,对科技型中小企业的创新机理与创新效应进行了探索和研究,相关工作具有一定的创新性与实用价值,但是由于受到主观上的能力局限和客观上的实证材料影响,笔者的研究仍有明显不足,主要表现在以下几个方面:

(1) 在理论研究方面,笔者在构建演化博弈模型对集群内合作伙伴的创新策略的选择上,主要选取了两个成员进行博弈分析,但是因为集群内合作创新的成员不止两个,可能出现多个成员进行合作,这时情况会更加复杂。所以对多个成员的演化博弈过程进行分析,探索集群内多个成员合作创新的运行机制,应该是今后研究工作的方向之一。

(2) 在实证研究方面,由于受到客观条件的限制,笔者选取的问卷调查对象主要集中于北京中关村科技园区的中小企业,如果要对课题展开深入研究,需要调查全国各地的科技型中小企业,分析各个地区的集群创新的特点与影响因素,由此才能更加深刻地揭示我国科技型中小企业的创新机理与创新效应。所以在今后的研究中需要进一步扩大研究对象。

(3) 在创新效应研究方面,笔者主要研究了集群创新的正面效应,因为在研究过程中,与企业界人士的沟通与实地调研的规模有限,尚未摸清集群创新的负面效应主要表现在哪些方面,所以今后还需进一步深入企业,认真研究集群创新的负面效应,只有全面地把握问题的正反两个方面,才能在应对策略上获取更加有效的措施。

(4) 在科技型中小企业集群创新的研究内容方面,笔者主要研究了集群创新的产生机理、动力机制、运营机制和创新效应等方面,要全面分析科技型中小企业集群创新机理与创新过程,仍需进一步深入实践,全面把握集群创新的创新模式,深入分析不同产业领域以及不同集群规模的创新模式的主要特点,这样才能为政府指导企业间的创新活动提供更加具体和更有价值的参考信息。

对于科技型中小企业集群创新的研究,是一个具体的、系统的研究工作,需要深入实践,全面把握科技型中小企业集群创新的特点和规律。只有在理论上不断地进行提升,在实证方面开展更加全面和具体的调研,让理论和实践相结合,才能在研究内容和研究方法上实现新的突破和创新。

附　录　中小企业创新发展调查问卷

尊敬的公司领导：

您好！

本项调查是××××学院企业创新管理课题组向您发放的调查问卷,本问卷调查旨在了解中小企业发展过程中有关集群创新的情况,绝不涉及贵公司的商业机密！请您根据公司的实际情况或您本人的直观认识来填写。所有填写的内容,我们都将予以保密,并且仅限于课题研究使用。请您在百忙之中抽出几分钟时间来填写这份问卷并反馈给我们。

非常感谢您的合作！

××××学院企业创新管理课题组

一、贵公司的基本情况

本部分涉及贵公司的一些基本情况,请您填写相关信息或在相应的正确选项上打"√"。

(1) 公司名称：_____

(2) 联系人：_____　联系电话：_____

(3) 贵公司成立时间：_____年_____月；注册资金：_____万元。

(4) 贵公司员工总数：_____人；其中大专以上学历人数：_____人，研发人员数：_____人。

(5) 贵公司所属行业：_____
  A. 电子与信息   B. 生物医药
  C. 新材料   D. 光机电一体化
  E. 资源与环境   F. 新能源与高效节能
  G. 高新技术服务业   H. 其他_____

(6) 贵公司所有制形式：_____
  A. 国有企业   B. 民营企业
  C. 集体企业   D. 股份合作企业
  E. 中外合资经营企业   F. 中外合作经营企业
  G. 合伙企业   H. 其他所有制形式_____

(7) 贵公司 2017 年营业总收入_____万元。

(8) 贵公司所在集群内有企业大约_____家，集群的年营业收入大约是_____万元。

二、选项题

本部分有 32 个问题，我们对每个问题设计了 7 个选项，根据贵公司的实际情况和您的理解，请您在相应选项所对应的数字上打"√"，或涂黑，或标注其他颜色。

结构方程模型适配度指标评价标准表

问题	决不赞同	很不赞同	不太赞同	说不清楚	勉强赞同	比较赞同	非常赞同
贵公司所在集群的外部环境状况							
1. 当地的地理位置优越有利于集群创新活动的开展	1	2	3	4	5	6	7
2. 当地的基础设施完备有利于集群创新活动的进行	1	2	3	4	5	6	7
2. 当地的文化氛围有利于集群中成员的学习和交流	1	2	3	4	5	6	7
4. 当地政府足够重视和支持集群创新活动的开展	1	2	3	4	5	6	7

续表

问 题	决不赞同	很不赞同	不太赞同	说不清楚	勉强赞同	比较赞同	非常赞同
贵公司所在集群拥有的资源							
5. 集群内聚集了大量的专业技术人才	1	2	3	4	5	6	7
6. 集群内汇集了大量的专业服务机构	1	2	3	4	5	6	7
7. 集群内拥有大量的高端技术和实用专利	1	2	3	4	5	6	7
8. 集群内拥有发达的信息化水平	1	2	3	4	5	6	7
贵公司所在集群的发展规模							
9. 集群拥有大量的企业成员	1	2	3	4	5	6	7
10. 集群拥有大量的企业员工	1	2	3	4	5	6	7
11. 集群具有较大的辐射范围	1	2	3	4	5	6	7
12. 集群与外界建立了广泛的关系网络	1	2	3	4	5	6	7
贵公司所在集群的内部结构							
13. 集群中具有科技研发能力的企业占比较高	1	2	3	4	5	6	7
14. 集群中汇集了大量的高校和科研院所	1	2	3	4	5	6	7
15. 集群中年产值超亿元的企业比重较大	1	2	3	4	5	6	7
16. 集群中形成了比较完整的供应链	1	2	3	4	5	6	7
贵公司所在集群目前的创新能力							
17. 集群的创新决策能力很强	1	2	3	4	5	6	7
18. 集群的研发实力雄厚	1	2	3	4	5	6	7
19. 集群内创新合作程度比较高	1	2	3	4	5	6	7
20. 集群的市场开发能力很强	1	2	3	4	5	6	7
贵公司所在集群的技术扩散情况							
21. 集群内公司间的技术差距在缩小	1	2	3	4	5	6	7
22. 集群内企业的技术吸收能力很强	1	2	3	4	5	6	7
23. 集群内的技术转移速度很快	1	2	3	4	5	6	7
24. 集群内的知识获取成本很低	1	2	3	4	5	6	7

续表

问题	决不赞同	很不赞同	不太赞同	说不清楚	勉强赞同	比较赞同	非常赞同
贵公司所在地区的高技术产业规模情况							
25. 区域内劳动生产率不断提升	1	2	3	4	5	6	7
26. 区域内生产规模不断扩大	1	2	3	4	5	6	7
27. 区域内固定资产投资额持续增长	1	2	3	4	5	6	7
28. 区域内产业利润不断攀升	1	2	3	4	5	6	7
贵公司所在集群的区位品牌情况							
29. 集群中有名牌产品深受消费者青睐	1	2	3	4	5	6	7
30. 集群中的企业具有较高的社会知名度	1	2	3	4	5	6	7
31. 集群内的企业家具有较强的社会影响力	1	2	3	4	5	6	7
32. 集群内企业的生产运营方式更具社会感召力	1	2	3	4	5	6	7

三、问答题

您认为目前影响贵公司进行集群创新的关键因素有哪些？政府应该从中做些什么工作？

参 考 文 献

[1] 谢龙,王雪原.科技型中小企业产学研合作策略研究[J].经济研究,2007(7).

[2] 刘友金,袁祖凤,周静,等.共生理论视角下产业集群式转移演进过程机理研究[J].中国软科学,2012(8).

[3] 魏江,黄学.高技术服务业创新能力评价指标体系研究[J].科研管理,2015,36(12).

[4] Bair J, Gereffi G. Local Clusters in Global Chains: The Causes and Consequences of Export Dynamism in Torreon's Blue Jeans Industry [J]. World Development, 2001(11).

[5] Meyer-Stamer J. Clustering and the Creation of an Innovation-Oriented Environment for Industrial Competitiveness: Beware of Overly Optimistic Expectations[J]. Revised Draft Paper, 2002(1).

[6] 黄鲁成,谢富纪,于渤,等.创造发展新优势:颠覆性技术创新行为、模式和机制[J].管理科学,2019(2).

[7] 池仁勇,何明明.区域品牌对企业绩效的影响机理:以"浙江制造"为例[J].技术经济,2017,36(8).

[8] 韩伯棠,方伟,王栋,等.企业集群网络的知识溢出研究综述[J].科技进步与对策,2008(11).

[9] 柳卸林,高雨辰,丁雪辰.寻找创新驱动发展的新理论思维:基于新熊彼特增长理论的思考[J].管理世界,2017(12).

[10] 曹文才,单汨源.科技型中小企业持续创新能力影响因素[J].北京理工

大学学报(社会科学版),2013,15(6).

[11] 刘友金.中小企业集群式创新[M].北京:中国经济出版社,2004.

[12] Wersching W. Innovation and Knowledge Spillover with Geographical and Technological Distance in an Agent-Based Simulation Model[R]. Discussion Paper,University of Bielefeld. 2005(27).

[13] 刘云,谭龙,李正风,等.国家创新体系国际化的理论模型及测度实证研究[J].科学学研究,2015,33(9).

[14] 冯朝军.关于科技型中小企业集群创新效应的实证研究[J].西华大学学报(哲学社会科学版),2016(6).

[15] 陈劲,尹西明.中国科技创新与发展2035展望[J].科学与管理,2019,39(1).

[16] 曾国屏,刘宇濠.创新集群视角对中关村、张江和深圳高新区的比较[J].科学与管理,2012,32(6).

[17] Meagher K. Mark Rogers. Network Density and R&D Spillovers[J]. Journal of Economic Behavior & Organization. 2004,53(1).

[18] 蔡宁,吴结兵.产业集群组织间关系密集性的社会网络分析[J].浙江大学学报(人文社会科学版),2006(4).

[19] 中国高技术产业数据[R].北京:中华人民共和国科学技术部,2014.

[20] 雷琳.美国科技型中小企业集群发展的经验与启示:以美国硅谷为例[J].经营与管理,2017(8).

[21] 董芳.欧洲硅谷:剑桥工业园区的成功模式[J].科技管理研究,2008(1).

[22] 冯朝军.科技型中小企业集群创新的价值链分析[J].技术经济与管理研究,2017(6).

[23] 邓永波.京津冀产业集聚与区域经济协调发展研究[D].北京:中共中央党校,2017.

[24] 张辉,耿成轩,丁德臣.产业集群创新能力评价模型的比较研究[J].数学的实践与认识,2016,46(15).

[25] 徐建敏.产业集群创新效应及政策建议[J].科学与科学技术管理,2006,(12).

[26] 杨湘浩,刘云.企业隐性知识共享激励机制研究[J].中国管理科学,2012,20(S1).

[27] 李琳.基于产业集群的高新区竞争力指标体系的理论分析框架[J].科技进步与对策,2006(8).

[28] 张新年,达庆利.基于循环经济视角的产业集群规模和阈值研究[J].南京航空航天大学学报(社会科学版),2008(6).

[29] 李新,王敏晰.我国高新技术产业与其他产业关联效应的经验分析[J].软科学,2009(9).

[30] 衷克定.SPSS for Windows 数据统计分析工具应用教程[M].北京:北京师范大学出版社,2008.

[31] 何晓群.多元统计分析[M].4版.北京:中国人民大学出版社,2015.

[32] 吴明隆.结构方程模型:Amos 的操作与应用[M].2版.重庆:重庆大学出版社,2010.

后 记

四十年如歌岁月，四十年沧桑巨变，中国四十年改革开放的大潮，使得九百六十万平方千米的土地上发生了自内而外、由表及里的深刻变化，在新经济、新技术和新模式的推动下，催生了一大批具有较高科技含量、较强市场适应能力及创新活力的科技型中小企业，这类企业在很多领域已经成为行业内的佼佼者，在调整国家的经济结构、培育新产业、提高经济活力和竞争力、扩大就业等方面发挥着重要作用。目前，科技型中小企业已经成为我国科技成果转化和技术创新的重要载体，成为我国经济新动能培育的重要源泉之一，是我国经济结构优化升级的重要支撑，也是促进我国经济稳定快速增长的重要支撑力量。

为了研究我国科技型中小企业的创新发展机理与创新效应，作者深入调研了北京中关村的各类中小企业，通过与创业者的广泛交流和对企业的实地考察，得到了宝贵的第一手资料，对广大科技型中小企业的创立、成长以及创新发展中遇到的问题有了更加清晰的认识。在此，对在调研过程中提供帮助的各位创业者和企业家表示衷心的感谢！

在本书的结构设计、内容撰写等方面，得到了中国科学院大学刘云教授的亲切指导和无私的帮助，在此，向刘云教授表示衷心的感谢和崇高的敬意！同时，在书稿的编写和审核过程中，还得到了上海工程技术大学杨湘浩博士、重庆电子工程职业学院王雪峰教授、李万青教授等的大力支持和热情帮助，借此机会，也要向他们以及其他帮助过我的各界朋友表示诚挚的感谢和美好的祝愿！